21世紀を生き抜く子どもたち

西村道子
Michiko Nishimura

幻冬舎 MC

21世紀を生き抜く子どもたち

――恩師　松村二郎先生に捧ぐ――

まえがき

洟《はな》をたらした子にティッシュを渡すと、「洟をかんで」というように私の方に顔を突き出すので、「洟は自分でかみなさい」と言うと、ちゃんと出来るのです。「良かった」と思う間もなく、そのティッシュを私に渡そうとするので、またまた「自分でゴミ箱に捨てていらっしゃい」。

小さい子どもたちのクラスを受け持つと、こういうことは日常茶飯事です。こんな子どもを見る度に、「この子は将来、自律して、自立できるだろうか」と心配になります。そうして、子どもたちへではなく、本当は保護者へのメッセージが必要なのではないかと思うようになってから、ずいぶん長い時間が経過しています。

日本では古くは、子どもたちは地域で育てられていました。

規制緩和という名のもとに大型スーパーが出来ると地域の商店街は廃れ、またマンションに住まう人が多くなり、その結果、地域のコミュニティは影をひそめていきました。核家族のマンション暮らしでは、お母さんは自分独りで子どもを育てざるを得ない状況に追い込まれたのです。

一説によると、二〇四五年にはシンギュラリティーが起こると言われています。シンギュラリティーとはAIが自己フィードバックで改良し、高度化した技術や知能で人類に代わって文明の進歩の主役になる時点のことで、今ある仕事が無くなるかもしれないと話題となりました。

二〇二〇年に生まれた赤ちゃんはその年には二十五歳。自律して自立できていることを願います。そういう中、親御さんたちの不安は増すばかりです。

今、多くの親御さんは、スマホを片手に情報を得て、子どもたちを育てています。情報過多といえる状況の中で、本当に何が必要なのか分からないまま右往左往するのではなく、心の拠り所としての子どもの教育の基本が今こそ、求められているのではないでしょうか。

勉強は、基本がしっかり身についていることが絶対条件です。小学校の基本が身についていない状態で中学校に進学しても、俗にいう「お客さん」(こういう言い方は好きではなく、あってはならない言葉だと思いますが）となることは目に見えています。

世の多くの親御さんは、子どもの将来の参考にということで、小学校時代に、色々なお稽古事を子どもにさせています。「どれがこの子に向いているかわからないから」と子どもの可能性を探るためという理由が圧倒的に多いのですが、真剣に子どものことを考えるなら、その時間とお金とエネルギーを、親御さんによる【躾《しつけ》】と【勉強】に向けてほしいと考えます。

勉強と子どもを育てることは同じではありませんが、それでも基本をきちんとおさえておくことで、慌てることなく心身共に健やかな子どもを育てることは出来るのではないかと考えます。私がこれまでに学んできたことが、この本を手にしてくださったみなさまのお役に立てるのであれば幸いです。

第一章では赤ちゃんから子どもの成長に合わせた基本を、そして第二章から第五章では、学校生活を終えて社会に出た時、世の中のお役に立つ仕事ができる、親が心配しなくても一人で生きていけるための参考になればと筆をすすめました。第六章は保護者の当面の関心事である成績アップをふだんと違う視点から、また第七章は、一人の人間にフォーカスし、そこからすべての人に通じると思われる考え方を導き出しました。

自律して自立できるのが人間としての理想ですが、しかし年々、仕事の出来ない人間が増えていると感じています。私が感じていることは一般的なことなのか、それとも自分だけが感じていることなのかが判らないので、私どもの会社と取引のある会社の会長、社長、一流企業の支店長のみなさんに、「仕事ができない」「困っている」社員がいるかどうか、またいるとすれば、どんなことに困っているかについてアンケートをお願いしました。結果は仕事内容が違う会社なのに、寄せられた内容はかなりの部分が重複していました。

勉強は基礎基本がしっかりと身についていれば、いかようにも応用は利きます。同じく仕事にも基礎基本があると考えています。勉強と仕事の基本は、大きくなってからでも身につけられることはありますが、人格形成は生まれてから六歳ぐらいまでに、遅くても小学校を卒業するくらいまでに身につくことが多いようです。

今、この本を手にとられたお父さんお母さんは、意識の高い方だと思います。そのお子さんが将来、社会に出たとき自律して自立できる、世の中の役に立つ人間として成長なさるために、現在に重きを置きつつ、将来を見据えて過去の智恵を拝借しながら、どのように育てれば良いかを一緒に考えていきたいと思います。

私が言うのもおこがましいですが、この『21世紀を生き抜く子どもたち』を基本の教科書としてお読みいただければ幸いです。

もくじ

第三章　世の中のお役に立つ人間に育てるには？

第四章 仕事が出来る大人になるには？

第七章 人は良き師に出会えば、必ず成長する

第一章　赤ちゃんのこと

● 一　作りますか？　それとも　授かりますか？ ●

①赤ちゃんの誕生

「生まれてきてくれて　ありがとう」

多くのお母さんが陣痛に耐え、この世に生まれてきた我が子をその胸に抱いて顔を見た瞬間に生じる思い。これは嘘偽りのない素直な心だと思います。

そんな赤ちゃんなのに、そんな赤ちゃんに対して、「赤ちゃんを作る」という表現には受け入れがたい気持ちを持っています。「赤ちゃんを作る」という言葉には、生を受けこれから人間として生きる未来の「赤ちゃん」が、まるでどろんこ遊びの家や人形を作るのと同じ言葉で表現されていることに違和感を持ち、何とかならないものかと思い続けてきました。

確かに、赤ちゃんはお父さんとお母さんお二人の力によって、この世に誕生します。でも日本には、「赤ちゃんを授かる」という言葉があるのです。「天から授かる」

のが「赤ちゃん」なのです。

「この家に赤ちゃんがいたら、どんなに嬉しいことでしょう。子どもの声が家中に響き渡るって、考えただけでワクワクしますね」と思う夫婦の間に生まれてくる赤ちゃんは幸せです。

とは言うものの、世の中には望まれて生まれてくる赤ちゃんだけではありません。「できちゃった婚」もありますし、折角この世に生を受けたのに、保護者から虐待を受ける子どもたちがいるのも事実です。

自分が作ったものだから、自分の思い通りの人生を子どもに歩ませても構わない。自分が作ったものだから、子どもをまるでペットのように猫可愛がりする。

自分が作ったものだからという考えが、言うことをきかないとか邪魔だとか、そんな理由で最悪、虐待につながっているのではないかと思うのです。

言葉は怖いもので頭の中で考えているうちはいいのですが、一旦、口から声に出した途端に、強く自分の中に定着してしまうように思います。

そこでお願いです。

「赤ちゃんを作る」という言葉を使わないことにしませんか。そして今、この本を読んでくださっているあなたから、「赤ちゃんを授かる」という言葉を使っていただけませんか。

あなたが二人のお友達に伝える。そのお友達がまた二人の友人に伝えていくことで、かつての日本のように、日本中に「赤ちゃんを授かる」という言葉が定着し、一人ひとりの日本人が、「赤ちゃんを授かる」ということについて考えていくことで、日本は変わることができるのではないかと思うのです。

ひとつの言葉で日本が変わったら、まだまだ日本も捨てたもんじゃないと思います。

「赤ちゃんを授かる」という言葉を使ってみませんか

②連綿と続く歴史の中で生まれてくる赤ちゃん

漁師は漁に出る前に「海の神さま」に祈りを捧げてから港を後にすると聞いたことがあります。また猟師も「山の神さま」へご挨拶をするそうです。

日本には、海、山、川など至るところに神さまがいらっしゃるという考えがあり、それは家の中も同様で、台所の羽釜で煮炊きをする竈《かまど》には竈の神さまが、水を汲む井戸には井戸の神さまが、そして各部屋にもいらっしゃると信じていました。

だから年末になると、それぞれの神さまがいらっしゃるところへ「裏白《うらじろ》」の葉をお供えして、新しい年の平安をお願いしたのです。

私が今、この世に存在しているのは両親がいたからで、二人の両親には、それぞれ二人の両親がいたわけです。ですから私の祖父、祖母は四人です。そして四人の祖父、祖母には、それぞれ両親がいてというように、一人ひとりの人間の先祖を辿っていくと、おびただしい数の親類縁者が登場してきます。これを計算した人がおいでになり、一代を二十五年とすると百年前は高祖父母が十六人。五百年前は約百万人にもなるそうです。圧倒されますね。

そして今、この本を手にしてくださっているみなさんのお子さん一人ひとりについても、同じことが言えるわけで、みなさんのお子さんは、みなさんが「作った」のではなく、そういう長い長い歴史の上に登場してきた、この世に唯一無二の存在だと思うのです。

こうして見てくると、遥か昔の先祖を辿っていけば日本人はみんな遠い親戚なのかもしれません。だったらホモ・サピエンス誕生からの人類を考えれば、地球上に存在する人全員が親戚ということになり、民族、宗教、経済などの理由で戦争が絶えないというのはどうしてなのかと思ってしまいます。

子どもは、長い歴史の中から生まれてきた唯一無二の存在

③指針を持つ

「武家に生まれた男子はみなおくにのために、身命を賭して御奉公しなければならない、そのときまでお預かり申して、あっぱれもののふに育てあげるのが親の役目です」山本周五郎著『小説　日本婦道記』は、かつての日本女性を描いた作品ですが、右記の言葉は、そのなかの「桃の井戸」からの抜粋です。

今の私たちからすれば「お国のために身命を賭してご奉公」なんてついていけませんが、それは時代の違いであって、ここには当時の時代に合った赤ちゃんの考え方と家庭教育の役割がしっかりと書かれています。

「そのときまでお預かり申して」の部分ですが、「お預かり」とは、天から子どもを預かっているということです。「あっぱれもののふに育てあげるのが親の役目です」には、この場合は武家の話ですが、親の役目は家庭において子どもをどこに出しても恥ずかしくない武士として育て上げることだったのですね。

幕末に日本にやってきた外国人から「日本人は人間的にナント素晴らしい民族なんだ」と言わしめたその当時の家庭教育の有様が描かれています。

つまり、子どもたちは寺子屋では、「往来物」と呼ばれるテキストを使って、四書五経に至る「人格形成」に通じる勉強をしていました。その上で、商人の子どもには、お金の計算や物の売り買い、接客などを、農家の子どもには天気を見たり、種まきから収穫までを手取り足取りして教えたのです。もちろん、武士は学問の他に心身を鍛え、道場では武術を身につけていました。つまり、子どもが十代半ばで家を継ぐ頃には、一人前の仕事が出来る人間となっていたのです。

子どもたちが勉強する時に目標を持つように、家庭での子どもを教育するに当たっては、目標というより指針が必要だと思います。

私からの提案というより、世間一般の一致した考えだと思いますが、「天から授かった赤ちゃん」は、「世の中のお役に立つ人間となるように育てるのが私の務め」という指針をもって子どもの教育に当たってみてはいかがでしょうか。

指針：「世の中のお役に立つ人間となるように育てるのが私の務め」

④「子育て」と「子どもの教育」

お気づきだと思いますが、私は「子育て」ではなく「子どもの教育」という言葉を使っています。

今、「子育て」という言葉は、いささかの疑いもなく日本中で使われています。

私が長年、学習塾に身をおいて数え切れないほどの生徒とその保護者に出会い、一人ひとりの子どもの将来を考えた時、「子育て」ではいけないと考えてきました。

「子育て」と「子どもの教育」との違い、それは「教える」という言葉が入っているかどうかということです。

「子育て」は、そのものズバリ、子どもを育てること。子どもを育てるだけであれば、犬でも猫でも出来ます。

加えて重要なことは、人間の脳にはその能力を学習できる適切な時期があり、その時期を逃すと、その後、いくら努力をしても限界がある。これを医学用語では「臨界期」と言います。限界があるということは、必要な時期に使われなかった脳は、消滅してしまうということです。但し、例え臨界期を逃しても、その後の教育により、ある程度まで伸ばすことは出来ます。

狼少女カマラの話をご存知でしょうか。狼に育てられた少女カマラは、保護された時、四つんばいで走っていました。その後、言葉を教えても、いくつかの言葉は覚えたけれど、生涯普通に話すことは叶わなかった、という話です。

つまりカマラは、耳や口を使って言葉を覚えるべき時期に、人間の言葉を教わることが出来なかったために、言葉に関する脳は消滅してしまった。但し、その後の教育で、僅かではありますが言葉を覚えたのです。

「子育て」ではなく「子どもの教育」を

●二　子どもの成長●

①赤ちゃんの成長

私は長い年月、不思議に思ってきたことがあります。

それは、動物、例えばシマウマは生まれて三十分も経つとヨタヨタと立ち、一時間経った頃にはライオンに追っかけられても、母親と一緒になんとか走って逃げることが出来るようです。でも人間の子どもが歩くまでには一年という長い時間が必要です。言葉を発するには更に一年の時間がかかります。

どうして人間は、動物と違ってこんなにも未熟な状態で生まれてくるのだろう？どうして人間は他の動物と違って、一つひとつのことに、こんなにも時間を要するのだろう？

いろいろ勉強してみると、人間の赤ちゃんの頭は、これ以上大きくなってては生まれてくることが出来ない。また人間の赤ちゃんは、生まれる前、即ちお母さんの胎内にいる時から、また生まれてからも三十八億年という長い地球の歴史を体現しているというのです。これは一体どういうことでしょうか?

太古の地球に初めて命が誕生したのは海の中でした。長い時間を経て、多くの海の生物が生まれました。そして海の生物から陸の生物へと進化しました。海の中では「えら呼吸」ですが、陸上では空気中の酸素を吸って、つまり「肺呼吸」をしないと生きていけません。

この「海から陸へ」と同じなのが、お母さんのお腹から生まれる瞬間なのです。赤ちゃんはお母さんの胎内では羊水の中にいるわけですが、生まれた瞬間に水の無い「空中」で生きていかなくてはなりません。だから生まれた瞬間に「オギャー」がないと出産に立ち会った人はとても心配することになるのです。

無事に人間社会に適応して「肺呼吸」が出来たという証が「オギャー」なのです。赤ちゃんの持つ力は凄いですね。

誕生してからも、赤ちゃんは生命の歴史をなぞります。目を使い、手をたたく↓寝返りを打つ↓うつ伏せになる↓はいはいをする↓掴まり立ちをする↓そして歩く。このように約五億年かけた人類の進化の過程を、赤ちゃんは約一年で再現するのです。

そして、これらの一つでも赤ちゃんが思う存分やりきったと思うほどにさせないと、たとえば部屋が狭くて仕方なく、あるいは「這えば立て、立てば歩けの親心」通り、可愛いさ故に歩くことを優先して「はいはい」を充分にさせないと、身体が順調に育たないならまだしも、脳にまで影響があるというのです。

更に大事なことは、人間の脳は、生まれてから母親を中心とする周りの大人たちの愛情に包まれて、数多くのことを経験し、教えられることで育っていく。

人間の脳は、そういう風に出来ており、人間が人間であるためには、一つひとつのことを体得するのに、それ相応の長い時間が必要だということです。

つまり、地球の歴史を存分に体験させることで、赤ちゃんは順調に成長するのです。

赤ちゃんは歴史を体現している。だからゆっくり育てる

②「三つ子の魂　百まで」

日本には古くより「三つ子の魂　百まで」という言葉が言い伝えられています。科学という言葉もない時代に、経験則から編み出されたものだと思いますが、これほどまでに小さい子どもの教育を言い表している言葉もないと思います。

今、小さいお子さんを抱えて日々、奮闘なさっている親御さん。

今が、勝負時です。

「もう少し余裕ができたら」では遅いのです。

今は、全力で子どもさんと向き合ってください。

食べるものが少々粗末であっても子どもは育ちます。着るものがいつも同じでもいいではありませんか。プロになる才能があれば別ですが、子どもの一生を考えた時、勉強に勝るお稽古事もないと思います。

ここで言う「勉強」は、もちろん「いわゆる読み書き計算などの知識の習得という意味での勉強」も含みますが、「心学」と言えばいいのでしょうか、人間として生きる上で絶対に必要欠くべからざる人格形成のことです。

そして、その大部分を担うことになるのが両親ですが、なかでもお母さんの役割は極めて大きいと考えます。


私たちが仕事をする時、一番先に考えることは、その仕事の目的です。目的をはっきりさせないで行なった仕事は、成果を挙げることはできません。

それと同じで、というより子どもの教育は、つまり三歳までの教育は、他と比較が出来ないほど重要なことだと考えます。

子どもが三つになるまでが勝負

③赤ちゃんを慈しみ育てる

赤ちゃんにとって一番望ましい環境は、お母さんがいつも傍にいて、慈しみ見守ってもらうことでしょう。もちろん様々な理由により、それが叶わないケースも多いことは承知しています。人手不足ということで、「女性の活躍を」と政府は躍起になって旗を振ります。女性は女性で、外に出て働きたいと思っている人が増えています。その結果、保育園が不足して待機児童という言葉まで出来てしまいました。

最近、日本には他国に比較して女性議員が少ないことが問題視されていますが、外国のキャリアと呼ばれる人たちの自宅には、きちんとした資格をもった家庭教師がついていたり、また外国では保育施設や産休制度、父親のサポートなどが充実しているようです。行政も親御さんが勤める会社も、保育所などの施設も、赤ちゃんに関わる全てが少しずつ譲り合い知恵を出すことで解決できることはあると思います。

問題はお母さんが外で仕事をしていることではありません。私の知人でも外で働いているお母さんも大勢いらっしゃいますが、子どもさんはスクスクと、そして勉強好きで、とてもいい子ばかりです。大事なことは、仕事を持っていようが、自宅にいようが、赤ちゃんに対するお母さんの姿勢です。

「愛着障碍《しょうがい》」という言葉があるそうです。例えば、オッパイをあげる時、母親の目が愛しい我が子に注がれて育った子どもたちは幸せです。しかし、オッパイをあげる時、オシメをかえる時、一緒に遊んでいる時に、母親の目がスマホに釘付けで話しかけてももらえない子どもたちが大勢いるのも事実です。「愛着障碍」とは、このように、母親の温もりを感ずることなく育ってしまう場合などに起こるもので、大人になってから対人関係や社会性に困難が生じると言われています。

赤ちゃんが安心するには、お母さんの笑顔が必要です。話しかけてくれる人が必要です。赤ちゃんが「ああ、生まれてきて良かった。自分が安心出来る場所がある」と感じることが出来れば、いい子に育つのではないでしょうか。

笑顔で赤ちゃんに話しかける

④子どもの教育の知識を持つ

「ああ、自分が子どもを育てる時にこの教育法を知っていたら、どんなに良かったことか」と思ったものがあります。それは「モンテッソーリ教育」です。

私の子どもが一歳の頃、広い庭がある大きい家で育てたいと思っていた時、縁あって鹿児島市外の百年は経っていた古い大きな家に引っ越すことが出来ました。大きな家ですから長い廊下と部屋の仕切りの障子は何枚もあったのですが、子どもが一歳の頃、偶然見つけた「仕事」とは？　障子の小さな枠に小さな指を突っ込んだとたん、指は拳となり障子に大きな破れが生じました。そこからにっこり笑った顔を見せたあとは、次から次へと小さな障子の枠から拳と笑顔をのぞかせ、多くの障子の小さな枠を手が届く限り破ってくれました。初めは叱りもしましたが、あとは諦めの境地で、彼のなすがままでした。

それから何十年も経って、これが「モンテッソーリ教育」でいうところの「運動の敏感期」であったかと思い知りました。もし、子どもが小さい頃「モンテッソーリ教育」を知っていたら、イライラしたりヒステリーを起こして大きな声を出して怒鳴ったり叱ったりすることはなく、「ああ、今、こういう能力を育てているのね」と笑顔で見守ってやることが出来たのにと思うのです。

「子どもには大人よりもずっと優れた自己教育力があり、みずから人格を形成していく」として子どもの敏感期を重視した教育をお子さまに、とお思いでしたら、是非とも左記のエンジェルズハウス研究所（通信教育）の門を叩いてみてください。

　エンジェルズハウス研究所（ＡＨＬ）　ＩＴ勉強会「てんしのおうち」

「モンテッソーリ教育」関連の本を一冊お勧めするとすれば次の本です。

『幼児期には２度チャンスがある』相良敦子著　講談社

尚、私が読んだ「モンテッソーリ教育」に関連する本は巻末に掲載しました。

正しく知れば、イライラも叱ることもなくなる。笑顔で子どもに向き合おう

● 三　躾とは？ ●

「しつけ」が揺れていると感じます。

それは私が子どもたちのお母さんに、「子どもたちにお手伝いをさせてください」とお話ししていた時のこと。一人のお母さんの発言に一瞬、言葉を失いました。

その言葉とは。

「私自身、家のお手伝いをしたことがないので、何をさせればいいかわかりません」

それでは、子どもたちは家庭でどんな生活をしているのだろう？と思ったのです。

この話は今からもう二十年以上も前のことですので、現在の子どもたちの親世代はもちろんのこと、そのまた親つまり祖父・祖母の時代にまで遡る話になると思われます。

躾は子どもたちが大きくなった時、円滑な社会生活を送るために必要なもので、炊事、洗濯、掃除から挨拶に始まる礼儀作法はもちろんのこと、家族以外の人とのコミュニケーションに至るまで幅広い内容を含んでいると考えます。

子どもたちの虐待が表沙汰になった時、「しつけの一環としてやった」という言い訳をマスコミが伝えますが、子どもが言うことをきかないことを理由に幼気《いたいけ》な子どもに対して暴力をふるうことを断じて躾とは言いません。

第二章からは様々なシーンでの躾の内容に触れていますので、個々についてはお読みいただくとして、お勧めの本があります。

『幸田文しつけ帖』幸田文著　青木玉編　平凡社

この本の著者、幸田文は、幸田露伴の娘として生まれ、露伴から受けたしつけを易しい言葉で綴っており、しかつめらしいことは一切書いてありません。しかし易しい言葉の奥に、露伴の本物の躾を学ぶことが出来ます。

躾を一から学んでみませんか

● 四　スマホから子どもを守ろう ●

①情報過多から身を守ろう

スウェーデンで今もっとも注目されている精神科医アンデシュ・ハンセン氏の著書『スマホ脳』によれば、「スウェーデン社会庁のデータベースによれば、二〇一八年十二月現在、十六歳以上の百万人近くが抗うつ薬の処方を受けている。なんと大人の九人に一人以上だ」（訳註：二〇一八年の全人口は一千二十三万人）

「朝起きてまずやるのは、スマホに手を伸ばすこと。一日の最後にやるのはスマホをベッド脇のテーブルに置くこと。私たちは一日に二千六百回以上スマホを触り、平均して十分に一度スマホを手に取っている」ということです。

うつになる理由などは『スマホ脳』をお読みいただくとして、スマホの情報に振り回される生活から距離をおいてみませんか。

手始めに、一日に一時間でいいから、スマホを見ないで過ごしてみませんか？

多分、色々なものに「色」がついて見えることでしょう。近くのコンビニに行く途中で、鳥が飛ぶのが目に入るかもしれません。今日は晴れていて、雲が流れていくのに気付くかもしれません。

次は、寝室にスマホを持ち込まない。すると、朝、起きた時、メールチェックをすることがなくなります。窓を開ければ、新鮮な空気が入ってくるかもしれません。空が刻々と色を変えるのを見ることも出来るでしょう。

その次は、一日のうち、スマホを見ない時間を決めてみませんか？

そうすれば、そのうち、「いいね！」や「既読」から少し距離ができて、自分の時間を取り戻すことができるのではないかと思います。

第一、子どもに「スマホやゲームはダメ」と言いたいのなら、範を示す必要がありますよね。

寝室に、スマホを持ち込まないようにしてみませんか

②スマホの使い過ぎで、脳の発達を止めないようにしよう

東北大学加齢医学研究所所長・川島隆太氏はスマホの使い過ぎに関して警鐘を鳴らしています。川島氏の研究によれば、

「スマホやタブレットの利用時間が長い子供たち二百人の脳の発達を、ＭＲＩ（磁気共鳴画像）を使って三年間調査したことがありましてね。利用頻度の少ない子は、ちゃんと三年分発達していたのに、利用頻度の高い子は脳の発達が止まっていました。言葉を司る前頭葉と側頭葉の発達が、右脳も左脳も止まってしまって、白質《はくしつ》という情報伝達の役割を果たす部分も大脳全体にわたって発達が止まっていたんです」

「も少し詳しく見ていくと、スマホやタブレットの利用が一日一時間未満、もしくは使わない子は特に問題ないんですが、それが一時間以上になると、利用時間に応じて学力に対するネガティブな影響が大きくなるんです。ですからスマホ、タブレットの使い過ぎは、明々白々に脳の発達を阻害しています。学力を含めてすべての能力が上手く発現できない状態に陥ってしまい、いくら勉強しても、睡眠を十分にとっても成績が上がらない」（『致知』二〇一九年　九月号対談記事より）

「前頭葉」は主に思考や、判断し行動する機能を司り、前頭葉の大部分を占めるのが「前頭前野」で、大脳の約三十%を占めているそうですが、チンパンジーなどでも七～八%しかないそうです。

「前頭前野」は、考える、記憶する、アイデアを出す、感情をコントロールする、判断する、応用するなど、人間にとって重要な役割を担っているので、人間が人間らしくあるために最も大事な部分だと言えるのでしょう。

巷で「キレる」若者、もっとも最近は若者だけとは言えなくなっているようですが、その原因はここにあるのでしょうか。

時代の最先端の道具が、大人になってからというより、大人になる以前から脳にダメージを与えるということの事実を、若いお母さんには是非とも知っていただきたいと考えます。

スマホ・タブレットは、一日、一時間以内

③バカになっていく子どもたち

このセンセーショナルなタイトルは『スマホ脳』の目次にある言葉です。

詳細は、本をお読みいただくとして、小さい子どもの場合、タブレット端末が脳の発達を遅らせる可能性がある。二歳児は本物のパズルをすることで指の運動能力を鍛え形や材質の感覚を身につけるが、こういう効果はiPadでは失われてしまう。また就学前の子どもを対象とした研究では、手で、つまり紙とペンで書くという運動能力が、文字を読む能力とも深く関わっているのが示されているということです。

『スマホ脳』より　タブレットの実験結果

「ノルウェーの研究者が小学校高学年のグループの半数に紙の書籍で短編小説を読ませ、残りの半分にはタブレット端末で読ませた。その結果、紙の書籍で読んだグループの方が内容をよく覚えていた。同じ小説を読んだのにだ。特によく覚えていたのは、話の中でどういう順番で出来事が起こったかだった」

『スマホ脳』より　スマホ追放で成績アップ

「スマホが学習に及ぼす影響について100件近くの調査を行い、これ以上ないくらいはっきりとした結論が出た。スマホを使いながらの学習だと、複数のメカニズムが妨げられる。つまり、子供も大人もスマホによって学習を妨害されるという結果だった」「英国では、ロンドン、マンチェスター、バーミンガム、レスターにある複数の学校でスマホの使用を禁止した。生徒たちは朝スマホを預け、学校が終わると返してもらう。その結果、成績が上がった。（略）特に成績を伸ばしたのは、勉強で苦労していた生徒たちだった」

『スマホ脳』より「なぜ前頭葉は最後に成熟するのか」
「脳は後ろから前に向かって成長していく。初めに首の後ろの部分が成熟し、最後に額の奥にある前頭葉だ。なぜ前頭葉――衝動を制御する部分は成長に時間がかかるのだろうか。前頭葉は社会的な協調にも重要で、人間のそれは非常に複雑だ。訓練し、経験を重ねるのに何十年もかかる。そう考えると、長期の訓練が必要な部分が最後に成熟するのもわかる。つまり前頭葉は、遺伝子よりも環境に影響を受けると考えられている。複雑な社会的協調を理解し参加するために前頭葉は訓練を必要とする。研究者によっては、その訓練がデジタルライフに脅かされると考えている」

『やってはいけない脳の習慣』（川島隆太監修　横田晋務著　青春出版社）によれば、「特にスマートフォンの場合には使用時間を一時間に抑えることで成績への悪影響をとどめることができると考えられますが、LINE等の通信アプリの場合には、過去に使用したことがあるというだけで、成績に悪影響が出てしまうことが分かったのです。（略）さらにLINEをしながら勉強することで、集中力が下がってしまうことが明らかになり、これは、スマートフォンが視界に入っていなくてもLINEの音がするだけで集中できなくなってしまうという非常に危険な状況にあることが分かりました」

子どもたちの脳を守ろう

参考までに、私が住んでいる鹿児島市の地元紙、南日本新聞の「第19回『新聞』作文コンクール」で一位をとった作文をお読みください。

小学5・6年生の部　1席

西谷山小学校5年　大久保　京香

スマホ依存について

スマホはとても便利なものです。電話や写真などがつかえるし、いろいろな事を調べられるからです。だから私も母のスマホをときどきかりて使います。

音楽を聞いたり調べ物をしたりします。指でサッとスライドするだけで自分の思っている言葉をだしてくれたり好きな音楽を聞かせてくれたりまるで魔法のようです。このような便利なスマホで子どもたちがスマホ依存になっています。私も夜ねる前にスマホを見る時があり、その日はなかなかねつけませんでした。私の年れいでもえいきょうがあるのだから、小さい子どもたちには、もっと強いしげきになっているはずです。

お店やレストランに行った時も、小さい子どもたちがスマホを使っている様子を見たりします。静かにしていてほしいからと、親がスマホをあたえることが多いです。スマホがない時にはどうしていたのでしょう。小さい子どもたちには、絵本を見せてあげたり、親が声をかけていたと思います。そして、お店やレストランでは、静かにしないといけないということを教えてあげたのではないでしょうか。今は、大人も子どもも、いつでもさわっています。マナーなど、おかまいなしです。大人がこのような態度であれば、小さい子どもたちはそれが正しい事だと思い、まねをします。一番大切な、脳の発達に悪影響を及ぼすかもしれないのに。

とても便利で役立つスマホですが、それにばかり頼っていると、何もできない子どもに育ってしまいます。自分で体験した事。体で覚えた事。失敗しても、又、やってみようと努力する。それが、かんたん便利なスマホを使っていると、何の感動することもなく、すんでしまいます。むずかしい事もわずかな時間でかい決すると、いつも、これを使ったら、良いのだと思ってしまいます。

母に、

「私が小さい時、スマホが家にあったら、それで遊ばせていたかな。」

　とたずねました。母は、

「あなたが、おとなしくしてくれるなら、遊ばせていたかもね。ケガをする事もなく安全だからね。」

と、言いました。私は、それが一番子どもにとって危険な事なんだと思いました。大人が小さい子どもたちがスマホを使うと脳の発達に、悪影響を及ぼすということを知らないからです。タバコはすう人もすっている周りの人にも、害になることは世の中の人、みんなが知っている事です。スマホが小さい子どもに与える悪影響をもっと、世の中の人が知るべきだし、メディアも発信してほしいと思いました。

スマホやタブレットを、子守り代わりにしない

④ゲーム依存症から子どもを守ろう

実は私自身、これについては忘れられない経験をしています。小学四年生の授業をしていた時のことです。

クラスの中に、「うちの子のそばに、あの子を座らせないでください」と、多くの保護者から苦情の絶えない子どもがいました。その子は、授業中に歩き回るなどはなかったのですが、隣の子にちょっかいは出す、消しゴムは投げるなどの行為が目立つ子どもでした。

そこで、お母さんに来ていただいてお話を伺うと、「毎日ゲームを数時間やっています」とのことでしたので、当時、世の中で広く言われていたゲーム脳について、本で読んだことを説明すると、「全て、うちの子に当てはまります。子どもと相談してゲームを一週間に一日、時間を決めてやらせます」とのことでした。

その後、一ヶ月が過ぎた頃、テストでナント！　百点をとったのです。それ以前は六十点くらいだったので私も驚きましたが、お母さんも大層嬉しそうになさっていました。

彼は、お母さんの心からなる説明を聞くと、「お母さんがそう言うのなら、僕はゲームを止める」と宣言して、お母さんが一日一時間ならと言うのを断り、ゲームに一切触らなかったというのです。

お母さんの子どもを思う気持ちが子どもに通じたことと、彼の決断と実行力に心から拍手を送りました。加えてゲームをやり続けることの恐ろしさを身をもって知りました。

お母さんの真心は子どもに通ずる

ひとやすみ

アップル社の創業者であるスティーブ・ジョブズ氏のエピソード

ジョブズは、二〇一〇年初頭にサンフランシスコで開かれた製品発表会で、iPadを初めて紹介し、聴衆を魅了した。「インターネットへのアクセスという特別な可能性をもたらす、驚くべき、比類なき存在」とiPadに賛辞を浴びせた。

ただし、自分の子どもの使用には慎重になっている――ことまでは言わなかった。あまりに依存性が高いことに気づいていたのに。

ニューヨーク・タイムズ紙の記者が、あるインタビューでジョブズにこう尋ねている。「自宅の壁はスクリーンやiPadで埋め尽くされているのでしょう？　ディナーに訪れたゲストには、お菓子の代わりに、iPadを配るんですか？」

それに対するジョブズの答えは、

「iPadはそばに置くことすらしない」、そしてスクリーンタイムを厳しく制限していると話した」（『スマホ脳』アンデシュ・ハンセン著　新潮新書より）

第二章　子どもの根っこを鍛えるには？

一　お子さまを自律して自立できる大人にするには？

①家庭教育を取り戻す

「過去の日本では、人格形成のための教育は、基本的には『家』を通じて行なわれてきた。明治以後は学校教育・社会教育が大きな比重を占めるようになるが、それでも『家』の制度が厳然として残っていた間は、有形無形の家訓が大きな役割をはたしてきた」（『武家の家訓』より　吉田　豊編訳　徳間書店）

第二次世界大戦の敗北により、日本が二度と大きな力を持って立ち向かってこないように、日本民族を骨抜きにするというアメリカの政策は残念ながら見事に成功したと言っていいでしょう。世界に類を見ないとまで評された日本人としての強さ、美しさ、礼儀正しさ、勤勉など、家庭で行なわれていた礼儀作法を中心とする人間教育、人格形成は多くの日本の家庭から姿を消しているように思われます。

私は「家」の考え方を復活させようと考えているわけではなく、本来、家で行なってきた家庭教育をもう一度、日本中のお父さん、お母さんの手で行なって欲しいと考えているだけです。

というのも、多くの家庭では、「子どもに関することは勉強も、躾も全て、学校がやってくれるものだ」と考えている節があるからです。

もし、そのようにお考えでしたら、今すぐに「うちの子どもは、私たち夫婦で育てる」と決心してください。そうでないと、将来、自律して自立できない大人となってしまうかもしれないのです。

そもそも、学校の一週間の時間割を見てください。「道徳」という時間が一週間に一時間ありますが、これとても社会生活を行なう上での最小限をなぞるくらいで、人格形成には程遠い状況であり、子どもたちの未来について熱心に考える心ある先生に委ねられているのが現状だと思います。

自分たちの子どもの〝心〟は、自分たちで育てる

②お父さんとお母さんが中心の家庭をつくる

現在、日本の多くの家庭は、「仲良し家族」が多いようです。仲良しであることは素敵なことです。但し、そこで子どもの人格が形成されていればの話です。

スーパーでよく耳にする言葉「ねえ、今日何食べたい？」特別の日や偶《たま》にならともかく、毎日、何気なく「今日、何食べたい？」と聞かれ、夕飯に自分の食べたいものが食卓に並ぶ子どもは、どんな大人になるでしょうか？「自分の思うことは、必ず思うようになる」と思って大人になっても不思議ではありません。つまり、日本の多くの家庭は、「子ども中心」の家庭になっているのではと思われます。

このあたりで、お父さん・お母さんを中心とした家庭本来の姿を取り戻してはいかがでしょうか。

父親と母親がお互いに尊敬し、お互いに高め合っている姿を見ている子どもは、自分の父と母を敬い、その延長線上にある祖父や祖母を尊敬することでしょう。そして外に出ては年長者を、学校に行くようになってからは先生を敬うようになるのではないでしょうか。

また弟、妹も可愛がり、外では同級生を、そして下級生や小さな子どもを可愛がるようになることと思います。

となれば、家族全員から尊敬されるお父さんは、家族からの信頼と子どもたちをどんな大人に育てたいのかという指針を持つ必要があります。

お父さんが大黒柱なら、お母さんは陰の実力者です。一歩引くと見せて、その実は自分の意見を通すことで、万事とまではいきませんが、うまくいくと思います。

尚、既にお分かりのこととは思いますが、この本は、両親が揃っていると仮定して話を進めていることをお許しください。

家庭円満のキーマンはお母さん

③かつての日本では、子どもたちに何を教えてきたか

多くの会社では「社訓」と言うかどうかは別にして、うちの会社はこういう考え方を持ち、世の中とこんな風に関わるということを定めているはずです。それが無ければ、会社の軸がぶれてしまうからです。一方、家庭に「家訓」があるとはあまり聞きませんが、こんな決まりはある、ということで、一番多いのが「他人に迷惑をかけない」。確かに他人に迷惑をかけないことは大事です。しかし「迷惑」とは何かをした結果、それが他人に迷惑をかけたか、かけなかったかということであり、これ自体を目標にすることにはムリがあります。

ここで江戸時代の教育を見てみましょう。

教育を重んじた徳川家康の意向で江戸初期には為政者となる階級のための教育が盛んとなり、江戸中期にはどんな小さな村にも寺子屋が出来て庶民も文字が読めるようになりました。そして江戸後期、全国で五十八校の藩校が新設されるほどになりました。そしてその教育を受けた人々は江戸時代から明治時代にかけて活躍しました。それらの人々が小さい頃、何を勉強していたか。逆に言うと寺子屋、家庭、

藩校で何を教えていたのでしょうか。

寺子屋の師匠は、武士、僧侶、神官、医者などで、庶民の子どもを対象に開いた私設の教育機関で、手習い（習字）の他、素読・算盤・漢籍・謡曲・裁縫なども教えました。いわゆる読み・書き・算盤と言われるものです。寺子屋の教科書である「往来物」は「四書五経」に通じる内容を易しく書いてありました。

広辞苑によると、「四書」とは、「礼記」の中の「大学」「中庸」の二編と「論語」「孟子」の総称で、「五経」は、儒教で尊重される五種の経典。易経・書経・詩経・礼記・春秋の五種をいいます。

江戸中期、一七八六年、林子平は『父兄訓』という教育書を出版していますが、その冒頭で次のように述べています。

「異国にも我が国にも子育ての本はたくさんあるのに、父兄たる人は子弟をどのように教え諭せば良いかということを、その親や祖父から教えられずに成長しているため、そうした教育書をもちいることとさえも知らずにいる。知らぬがゆえに、ただただ子供を甘やかして育ててしまう。その結果、たいていの子供は無頼・無作法になる。その子も無頼、その孫も無作法なれば、おのずから曾孫も玄孫も無頼・無作法になる。

このようにして人としての道徳をわきまえる子供が少なくなり、倫理観は壊乱し、見苦しい家族が世の中に数多く見られるようになってしまった。私はこれを悲しみ憂い、今新たに教育について綴り、世の父兄たる人に子供の教え方を示すのである」

林子平の言葉は、二百年以上も前の発言とは思えません。いつの世も、同じ道を辿るのでしょうか。このように述べた林子平ですがこうも述べています。

「今からでも遅くはない。人格を形成するための教えを学び、それを子供の教育に活かしていけば、子や孫の代まで受け継がれていくにちがいない」(『武士の子育て』石川真理子著より)

先人の智恵を拝借する

● 二　人格形成のために何を教えるか ●

①「仁、義、礼、智、信、孝、悌、勇」

『南総里見八犬伝』という本があります。江戸時代の末期、一八一四年（文化十一年）から一八四二年（天保十三年）に亘り刊行された読本《よみほん》で、作者は滝沢馬琴。九集九十八巻百六冊。舞台は室町時代。安房の武将・里見義実の女（むすめ）・伏姫（ふせひめ）が八房（やつふさ）という犬の精に感じて生んだ「仁、義、礼、智、忠、信、孝、悌」の八徳の玉を持つ八犬士が、里見氏勃興に活躍する長編伝奇小説です。因果応報、勧善懲悪の思想に貫かれており、当時、多くの大人もそして子どももこの本を読んだに違いありません。とても面白いので小さい頃、読まれた方もいらっしゃることと思います。また最近、人気の若手が舞台で演じていたので、舞台かテレビでご覧になった方もいらっしゃるのではないでしょうか。

徳目については他にも色々あり、林子平は「孝、悌、忠、信、勇、義、廉、恥」の八徳を唱えています。また『中庸』第二〇章にある「智、仁、勇」については、明治三十二年（一八九九年）に発行された新渡戸稲造著『武士道』でも、武士道を支える三つの柱として「智、仁、勇」を挙げています。

それではこれらの中から「仁、義、礼、智、信、孝、悌、勇」の八つについて簡単に説明します。

「仁」

ひと言で言うならば「思いやり」「慈しみ」。自分を犠牲にしてでも、相手のことを考え、相手のために尽くすこと。

「〝仁〟という字は、人偏《にんべん》に〝二〟を配している。親子であれ、主従であれ、旅であった未知の間柄であれ、兎に角、人間が二人、顔を合わせさえすれば、その二人の間には、二人がお互いに守らねばならぬ規約とでもいったものが生れてくる。それが〝仁〟というもの、他の言葉で言うと〝思いやり〟、相手の立場に立って、ものを考えてやるということ」（『孔子』 井上靖著より）

これを教えるのに、何もいりません。お父さん、お母さんがお手本を見せてあげればいいのです。子どもが病気になったら何をおいても看病するお母さん。重そうな荷物を持って駅の階段を上がるお婆さんがおいでになったら、その荷物を持ってあげるお父さん。相手のことを考えて行動するそんな姿をいつも見ていたら、自ずとそんなことが出来る子どもに育つと考えます。

更に、それが人間ではなく人間以外のもの、例えば植物を種から育てるといったことに考えが及ぶと、それは本物になるのではないかと思います。

私の好きな絵本に『あさがお』(荒井真紀文・絵　金の星社)があります。その本から、この項に関連するところだけ、かいつまんで抜き書きしてみます。

「たった1粒の朝顔の「種」から「芽」が出ます。その後「本葉」が出てきます。本葉の数が増えると茎の先がのびて「蔓《つる》」になります。蔓は独り立ちは出来ません。竹や棒やシートなどに巻きつきながら空に向かってドンドン伸びていきます」

もしも、蔓の支えになるものがなかったら、朝顔はどうなるのでしょうか？　また忙しかったから、疲れていたからなどの理由で水をやることを忘れたら、どうなるのでしょうか？　たちまち枯れてしまいますね。枯れた朝顔を見て、子どもたちは何を思うでしょうか。

自分が朝顔になったつもりで考えてみましょう。今、支えが欲しいなあ。喉がかわいてたまらない。水を飲みたいなあ。支えにしろ、水が欲しいのも、優しい目で朝顔を見ているとわかるのです。これが「仁」ではないかと思うのです。

加えて大事なことは、種を蒔くと、先ず「根」が出ます。でも、この「根」は見えないので、子どもたちは、「芽」が先に出ると言います。見えないのだから仕方ありません。この見えない「根」、これがないと茎も葉っぱも育たないし花も咲かない。こんな大事なことも教えてくれるのです。

アサガオは、自然から学ぶという基本を教えてくれる

「義」

「義」は正しい道理。物事の理にかなったこと。また公共のために正しい行為をするという意味で、ひと言で言うならば、人間が行なうべき道筋と言えるでしょう。「義を見て為《な》さざるは、勇無きなり」という言葉があります。この前段は「子曰く、其の鬼《き》に非ずして而して之を祭るは諂《へつら》ふなり」（『論語』　為政）

前段の意味は省略しますが、人の道として当然すべきことと知りながら、これをしないのは勇気がないということです。道理の上から考えて当然すべきことは、必ず進んですべきものです。

道義、正義、恩義、信義などという熟語から分る通り、昨今あまり使われない言葉だと思いますが、例えば恩義ある人と今は反対の立場にあり、その人から頼まれごとをされた時、どのような態度をとるか難しいところです。

何があっても揺るがない信念を持とう

「礼」

「礼」と聞いて思い浮かぶのはご挨拶の「礼」や「起立、礼」の「礼」です。その礼も含めてここで挙げている「礼」は、人が人としてふみ行なうべき決まりであって、心に敬意を抱き、それを行動として外に表す道のことです。

「礼」は孔子抜きには語れないと思いますが、孔子は「仁」について問われ、「己の欲せざるところは、人に施すこと勿れ」と答えています。「仁」が自己の内面から出た「思いやりの心」であるとすれば、「礼」は「仁」の外面に現われ出たものです。

新渡戸稲造の『武士道』には、

「礼儀の最高の形はほとんど愛に近い。われわれは敬愛なる気持ちをもって、（聖句の愛を礼の一字にかえて）『礼は寛容であって人の利をはかる。礼は妬《ねた》まず、誇らず、たかぶらず、非礼を行わず、自分の利を求めず、軽々しく怒らず、人の悪を思わない』と、言えるだろう」

と述べています。ひと言で言うなら、礼儀とは「相手への温かい心遣い、思いやりの心」だと思います。

礼儀作法といえば小笠原流ですが、

「小笠原流には『三つ指をつくご挨拶』の作法もなければ、自然体に反する手足の姿勢を教えることもありません。（中略）小笠原流礼法は武家作法であり、身体の鍛錬や身の安全の確保のために作られたものが多い。（略）『気遣い』や『合理性』さらに『美』といった点にも考慮されています」（『一流人の礼法』小笠原清忠著日本経営合理化協会）

特に「美」という観点においては、次のように記されています。

「我々日本人が古《いにしえ》より脈々と受け継いできた、ある種独特の感性の昇華といえるもので、その根源は何かと言えば、おおよそ『間』と『静寂』というものに行き着きます。動作と動作のつなぎ、わずかな『間』、そして針1本の音さえも響きそうな深い静寂の『しじま』を大切にする心こそ、日本の伝統的な文化の核といえましょう。（中略）

また昔から、よく子供たちに『騒がしい』『静かに』『大人しくしなさい』といった窘《たしな》めがされますが、これらは、『静寂』を破ることへの注意であり、『静寂』の大切さを伝え、これを守るのが大人である、ということを教えようとする言葉です」

今回、この本を執筆するにあたり、あらためてこの本を読んでみて、自分の考えの浅さを思い知り、礼法の奥深さを思い知らされた思いです。というのは、私たちは子どもたちと接するのが仕事で、子どもたちに対して、「静かにしなさい」という言葉を、自分の言うことを聞かせるために言っていることが多いように思うからです。

「礼」が「相手への思いやりの心」だと頭でわかっていて、そのように行動してきたつもりではありましたが、「礼」が「合理性」や「美」にまで及び、その「美」が「静かにしなさい」にまで及んでいようとは。礼は本当に奥深いですね。

基本は「相手を思う思いやりの心」

「智」

現在では「智」は「知」に置き換えて使うようです。『武士道』（新渡戸稲造著講談社）によれば、智、仁、勇は武士道を支える三つの柱でした。

「武士の教育において、最も重んじられたのは、品性を確立することであって、思慮、知識、弁説などの知的な才能は第二義的なものであった。（中略）学問に秀でることはもちろん尊ばれたが、知という言葉は、主として智恵を意味するものであって、知識はやはり第二義的なものとして考えられていた。（中略）武士教育の最大の目的は、前にも述べたように、品性を確立することにあった。それ故に、たんに博学だからという理由で尊敬されることはなかったのである」

今、流行のバラエティ番組で知識を競うものや、逆に「おばかキャラ」と呼ばれる人を面白おかしくみんなで笑う番組を新渡戸稲造なら何と言うでしょうか。

「知」という字からは知識という言葉を連想し、「ある事項について知っていること」と捉えがちですが、「智」という字を使うと「智慧」という言葉から仏教や哲学へと思いが膨らみます。物事の理を悟り、適切に処理する能力、真理を明らかにし、悟りを開く働きを言うようです。江戸時代を生きた人々には頭が下がります。

学問は、勉強すればするほど知らないこと、分からないことが沢山出てくるように思います。ですから、ここでいう「智」とは、勉強することで自分がいかに知らないことが多いかということを知ることであり、それを知ることで、更に深く勉強することを求めているのではと考えています。

その上で、「論語読みの論語知らず」にならないようにして、知ったことは必ず行いに移す「知行合一」を目指していますが、なかなかです。

知は行の元、行は知の発現

「信」

作家・井上靖は、その著書『孔子』の中でこう述べています。

「――人間は嘘を言ってはいけない。口から出すことは、なべて本当のこと、真実でなければならぬ。これはこの現世で生きてゆく上での、人間同士の約束、暗々裡の約束である。人間がお互いに相手の言うことを信ずることができて、初めて社会の秩序というものは保たれてゆくのである」

とは言え、生きている中で、嘘をついたことのない人がいるものでしょうか。「嘘も方便」という言葉がありますし、相手のことを思うが故の嘘もあります。

ですから、『孔子』の中で井上靖が孔子に語らせているこの「信」は、人間が生きていく上での極めて重要な場面でのことではないかと思うのです。そして、こう続いています。

「――このように、人が口から出す言葉というものは、〝信ずるもの〟であり、

〝信じられるもの〟でなければならない。それ故に〝人〟という字と、〝言〟という字が組み合せられて、〝信〟という字はできているのである。
――おそらく〝信〟という字も、〝仁〟という字も、共に今から五、六百年前、高い文化を築き上げていた殷の時代（註、紀元前約一六〇〇年－同一〇二八年）に造られ、牛骨を削って造った細い板に彫りつけられたのではないか。」

この「信」について書かれた短い文章を読んで、井上靖という人は、どんな人なんだろうと思い、また、この本の題字も著者が書いたとあり、優しいなかにも気品あふれた字で、あらためて強い関心をいだきました。

自分が大人になってみると信じていた人から裏切られたこともありますが、それでも「信じる」ことなしに真の人間関係は生まれないと考えています。

裏切られても信じることを止めない

「孝」と「悌」

「親孝行」という言葉があります。「孝」自体が、よく父母に仕えること、父母を大切にすることを言いますが、最近はあまり聞かなくなりました。「孝」という言葉に何か古めかしいものを感じるからでしょうか。あるいは友達のような親子関係が素晴らしいもののように思われているからでしょうか。

子殺し・親殺しという事件が多くなったように思います。親が子どもを手にかける、子が親を手にかけるなどは、止むに止まれぬ事情があったにせよ、あってはならないことだと思うのですが、そういう事態を生じさせた原因の一つは、「仁」や「孝」を教え教えられてこなかったからではと思うのです。

「悌」は普段はあまり目にしない字ですが、今では「弟」と書いた方が分かり易いようです。「悌」は、兄や年長者を尊敬すること。逆に年上の者が年少者を可愛がり、慈しむことにも使います。それ故、兄弟姉妹の仲むつまじいことをも言い、弟子《でし》といえば、師に仕えて教えを受ける者を言います。

先ほど「お父さんとお母さんが中心の家庭をつくる」の項（52ページ）でお話ししたことをもう一度読んでみてください。父親と母親がお互いに尊敬し合っている家庭で育った子どもは、祖父母も尊敬し、外に出ては年長者を更には先生を敬うようになり、また弟、妹は勿論のこと、同級生も下級生、小さな子どもたちも可愛いがるようになるでしょう。

ここまで、あれこれと述べてきましたが、夫婦は仲良く、子どもたちの前で喧嘩をしない。子どもたちの前で、学校の先生を初めとする子どもたちの周りの人間について批判がましい発言をしない。両親は子どもたちに愛情を持って育てることが肝心だと思います。

夫婦は仲良く

「勇」

「勇」は、広辞苑には、勇ましいこと、力量がすぐれて強いこと、心が物事に恐れないこと、とあります。「勇気」と聞けば、いじめっ子が大人数で弱い立場の子供をいじめている場面に遭遇した時、負けを覚悟で強くて怖いガキ大将に立ち向かっていくというような場面を想像していました。

ところが、『武士道』（新渡戸稲造著　須知徳平訳）には、次のように書いてあり、私が考えるような単純なものではなかったのです。

「勇気の鍛錬は、どんな事に対しても、ぐちを言わない忍耐の精神を養い、礼の教訓は、自分の悲哀や苦痛をあらわして、他人の快楽や安静を妨害しないようにすることである」

かつての日本では、「勇」は高い精神性を持った鍛錬だったことがわかります。

では、どのような鍛錬を行なっていたのかについては記述がなく、浅学の私には申し訳ないことではありますが、ここでお知らせすることはできません。

私が『武士道』の「勇」で理解し得たことは、例えば「最も深い悲しみにある時、それを顔に出すことなく、もちろん口に出すこともなく、赤い眼をして頬に微笑みを浮かべて人前に出ることができる」ということ。つまり「耐えることを学ぶ」という鍛錬をしていたのです。ただただ「強い」としか言いようがありません。

『武士道』を読んで、自分の無知と想像力のなさを思い知ったことをもう一つ。

蜻蛉《とんぼ》つり今日はどこまでいったやら　加賀千代女

この俳句を私は、蜻蛉を捕りに出かけたまま、夕闇が迫ってくるのにまだ帰ってこないと心配する母心を詠んだ俳句だと思っていました。ところがこの俳句は、「死んだ我が子のことを思い悲しみ、その子が生きていたころのように、蜻蛉つりに出かけていると想像し、自分のやるせない悲しみを慰めようとした」俳句だと書いてありました。「自分の悲哀や苦痛をあらわして、他人の快楽や安静を妨害しないようにする」とは、究極の勇ではないかと思った次第です。

本当の強さを身につける

②「仁」を体現した人とは

以上八つの言葉について簡単に説明してきましたが、解る言葉もあるけれどチョッと解らない、特に「仁」が、とおっしゃる方も多いと思います。そこで、「仁」について、作家・井上靖が自作の『孔子』の中で村人に語らせた「人間としての孔子の魅力」見てみましょう。

・他人の悲しさ、苦しさが判る人。
・いつも感ずる無比の優しさ。
・常に正しく、真剣に生きようとしていた、その凄さ。
・年齢を感じさせない、年齢とは無関係な若さ。
・何と言っても、二人とない明晰な頭脳、大きい教養。
・いつ、いかなる時でも、隙のない生きる姿。
・妥協というものの、全くない立派さ。
・正しく生きることを、己れに課した人。
・努力、努力、努力の人。

・古今無双の道徳家。
・過失を再びしない立派さ。
・人には優しく、自分自身に対しては厳正峻烈。
・他人を許す大海のような大きさ。
・生涯燃え続けた人間愛。
・威あって猛《たけ》からず。
・心にもないことは、一切口から出さなかった人。
・世を救い、人を救うという一番立派なことを考えていた人。最後の息を引きとるまで考えていた人。

あなた自身の「仁」を文字にしてみませんか

③「いじめ」を日本中から無くすために

いじめが無くなりません。無くなるどころかＳＮＳの登場により、匿名での「いじめ」が闊歩《かっぽ》しているようです。またコロナ禍の中、医療関係者や感染者に対して暴言を吐く、自分の名前を伏せて相手を攻撃するなど、卑怯以外の何物でもありません。

私たちの生活は、この五十年で急速に豊かにそして便利になり、文明の発達は人間のためという時代は過ぎ、現在では人間を劣化させているのではとさえ思うことが多くなりました。

二十世紀から二十一世紀にかけて、イギリスのトニー・ブレア首相が「一に教育、二に教育・・・」と教育を前面に出したことがありました。振り返って日本では教育を全面に掲げた内閣はなく、豊かさに向けた「経済」一辺倒で走ってきたように思います。日本の教育は家庭教育がしっかりと根付いていた明治、大正、そして昭和の戦前、戦後も少しは残っていた時代もありますが、そこにおんぶされていたものが、今や細々と残っているという感じです。政府も我関せずとあっては、日本のどこを探せばいいのでしょうか。

「子どもが子どもをいじめる」なんと悲しいことでしょう。それも遊び感覚でといわれると、人間がここまで劣化したかと思わざるを得ません。

特にテレビにおける「バラエティ」番組ではドッキリを仕掛けたり、「いじめられる人」が「いじられる」と表現してテレビに長く映るということで、いじめる方もいじめられる方も双方が納得ずくで行なっていると思われることなどは問題だと思います。

人格形成の教えを受けていない子どもたちが、こういう番組が連日流されるのを見て、これは許されることだと思い、これは遊びなんだと思って実行しているとすれば、「いじめ」は無くならないのではないでしょうか。

子どもに、イジメは悪いことだと教えよう

ひとやすみ

人類の進化の最終過程で、脳も体も大きく頑丈なネアンデルタール人が滅び、ホモ・サピエンスが生き残ったのは、人類には助け合い協力し合う能力があり、そこから家族、集団、地域と大きくなることで進化していった。その助け合い協力し合う能力を赤ちゃんも持っているという実験を、あるテレビ番組で見ました。

――人形の子どもが箱のふたを開けようとしている。そこに二人の子どもの人形が現われ、一人はふたを開けるのを一緒に手伝う、もう一人はふたが開いたと思ったら、上からすぐ閉めてしまうという動画を一歳未満の赤ちゃんに何回も見せた。その後、赤ちゃんに二人と同じ格好をした人形を見せると、赤ちゃんは助けた人形の方に手を伸ばしたのです。人形の服の色をあれこれ変えて実験しても結果は同じでした。

ここから判ることは、「いじめ」は後天的に身についたものではないかということです。

④「弱い者をいじめるな」

江戸時代の会津藩には、藩校である「日新館」に入る前の子どもたちに対して、「什《じゅう》の掟」というものが決められていました。

「什《じゅう》の掟」

一つ、年長者の言ふことに背いてはなりませぬ
二つ、年長者には御辞儀をしなければなりませぬ
三つ、虚言を言ふ事はなりませぬ
四つ、卑怯な振舞をしてはなりませぬ
五つ、弱い者をいぢめてはなりませぬ
六つ、戸外で物を食べてはなりませぬ
七つ、戸外で婦人と言葉を交えてはなりませぬ
ならぬことはならぬものです

中には、今ではチョッと首を傾げるようなことも書いてありますが、当時はそういうものだったのでしょう。

また薩摩藩には、「郷中《ごじゅう》教育」というものがありましたが、現在、その教えとし

て次の三つが挙げられています。

負けるな。

うそを言うな。

弱い者をいじめるな。

この三つの標語は小学校の講堂で見かけることもあります。しかし文献によると、「郷中教育」にこの文言で決められていたわけではなく、各郷それぞれに長い文章の決まりごとがあったようです。明治以降になって、「郷中教育」についてまとめる時、当時の時代背景も相俟《あいま》ってこのようにまとめられたのではと推測されています。

ともあれ、日本の多くの藩でそういうものはあったと思いますし、両藩においては、「卑怯」「いじめ」について言及し、子どもたちにしっかり教え込んでいたと思われます。

「卑怯な振る舞いをするな」と言っても、今の子どもたちはどうしていいか分からないかもしれないので、端的に、「弱い者をいじめるな」と教え込んでいくことを提唱します。

藤原正彦氏はその著書『国家の品格』がベストセラーとなった折、いちばん文部科学大臣にしたい人と言われました。その藤原氏が著した『祖国とは国語』の中で、小さい頃を次のように振り返っています。

「父の価値観の筆頭は『卑怯《ひきょう》を憎む』だった。（略）私が妹をぶんなぐると、母は頭ごなしに私を叱《しか》りつけたが、父はしばらくしてから、『男が女をなぐるのは理由の如何《いかん》を問わず卑怯だ』とか『大きい者が小さい者をなぐるのは卑怯だ』などと諭した。兄と庭先で喧嘩となり、カッとなった私がそばの棒切れをつかんだ時は、『喧嘩で武器を手にするのは文句なしの卑怯だ』と静かに言った。卑怯とは、生きるに値しない、というほどの重さがあった。学校でのいじめを報告すると、『大勢で一人をやっつけるのはこの上ない卑怯だ』とか『弱いものがいじめられていたら身を挺《てい》してでも助けろ。見て見ぬふりをするのは卑怯だ』と言った。

小学校五年生の時、市会議員の息子でガキ大将のKが、ささいなことで貧しい家庭のひ弱なTを殴った。直ちに私がKにおどりかかって引きずり倒した、と報告した時など、父は相好《そうごう》を崩して喜び、『よし、弱い者を救ったんだな』と私の頭を何度もなでてくれた」

また藤原正彦氏は、その著書『国家と教養』の中では、次のように述べています。

「『卑怯なことをしない』は、武士の血（最下級の足軽でしたが）を継ぐ藤原家の、家訓の筆頭です。私の父は、私が幼い頃からくり返しこう教えました。

『弱いものいじめは卑怯中の卑怯だ。弱い者いじめをしないことは当然だが、弱い者いじめを見たらどんなことをしてでも弱い者を助けろ。必要なら力を用いてもよい。見て見ぬふりをして通り過ぎたらお前が卑怯者になる』」

「弱い者をいじめるな」を日本全国の家庭で、家訓にしませんか

⑤雨ニモマケズ

ここまで、いろいろ書いてきましたが、もっと易しい言葉があると気付きました。それは宮沢賢治の「雨ニモマケズ」です。この詩のようにみえる文章は宮沢賢治が普段使用していた手帳に書かれていたメモで、彼の死後に発見されたものです。つまり、自分以外の人に読んで欲しくて書いた文章ではなく、自分の戒めとして、あるいは自分が目指すものとして、いいえ、自分はこういう人になりたいなあと素朴に思って書かれたものではないでしょうか。

今回、「雨ニモマケズ」の文章全部を掲載して味わっていただきたかったのですが、出版する際に色々な規制があるとのことで、一部分となりました。

それでは、分かりづらいと思われる箇所についてお節介の説明をいたします。

雨ニモマケズ
風ニモマケズ
雪ニモ夏ノ暑サニモマケヌ

丈夫ナカラダヲモチ
慾ハナク
決シテ瞋ラズ
イツモシヅカニワラッテヰル

慾はないということは、次の「一日に玄米四合と味噌と少しの野菜を食べ」にも通じると思いますが、あれもこれもと欲しがらない。他人を引き摺り下ろしてでも上に立ちたい、利益を得たいというような心がないということだと思います。

瞋《いか》るは「怒る」と違って目偏《めへん》です。即ち怒って目をむく。目をかっと見開いて睨むというもので、歌舞伎や時代劇に出てくる人が怒っているのを想像してください。宮沢賢治が瞋っている姿は想像すらできません。

『論語』にも「怒りを遷《うつ》さず」とあるように、事象や人に対する怒りを他に移さない。八つ当たりしない。即ち自制心を働かせることが必要だと思われます。

そのためには、子どもが小さい頃から、家庭内で決まりを作っておき、子どもの欲求を全て受け入れるのではなく、決まりに従って我慢させる。豊かな時代だからこそ、極めて重要だと考えます。

一日ニ玄米四合ト
味噌ト少シノ野菜ヲタベ

豊かな時代、飽食の時代となり、「大食い」や高級レストランなどを紹介する番組が花盛り、またSNSではこぞってご馳走をアップするのが大流行り。その一方で貧困にあえぐ家庭が日本でも数多く存在し、餓えによって餓死する国民がいる国もあります。「武士は喰わねど高楊枝」までは求めません。普段に粗食をしていると、たまにマグロの刺身をいただくと本当に〝おいしいなあ。今日は幸せだなあ〟と思います。

アラユルコトヲ

ジブンヲカンジョウニ入レズニ
「自分を勘定に入れずに」ここが一番難しいところだと思います。
金を勘定する。勘定を払う。これで万事うまくいく勘定だ。つまり、お金のその先は「損得」あるいは「自分が自分が」という感情です。これは無意識に出るから厄介です。この後に「東に西に」の件《くだり》が出てきますが、ここをクリア出来て初めて真の仁を体現できるということかもしれません。

ヨクミキキシワカリ
ソシテワスレズ
よく見聞きしわかり　そして忘れず
「みる」には見る、観る、看る、視るなどが、そして「きく」にも聞く、聴く、効く、訊く、利くなどがあります。自分の周りを見回しても、「みる　きく」の能力は凄い勢いで低下していますから、宮沢賢治が生きていた時代と比べると、格段の開きがあると思われます。「わかり」「そして忘れず」宮沢賢治は敢えてこの言葉を書いています。見聞きするだけでなく、大事なことは自分が納得するまで解り、そして重要なことは忘れない。私自身、耳が痛いです。

東ニ病気ノコドモアレバ　行ッテ看病シテヤリ
西ニツカレタ母アレバ　行ッテソノ稲ノ束ヲ負ヒ

ここは、これまでに見てきた通り「仁」そのものですね。

ヒドリノトキハナミダヲナガシ
サムサノナツハオロオロアルキ

原文には「ヒデリ」ではなく、「ヒドリ」とあります。

この「雨にも負けず」を教わる時は、「日照り」であったと記憶しています。今回、この本を執筆するに当たり、手帳の写真を見てみたところ、「ヒドリ」とあり、この文章全体を理解するには大事なところと思い、色々と考えてみました。

「日照り」としたのは、宮沢賢治が書き間違ったのだろうと推測して書き換えた。別の解釈は、「ヒドリ」は「ヒトリ」で、東北弁で「ヒトリ」（一人）と発音する時には、「ヒドリ」となるという説です。

私は後者を採ります。理由はこうです。

・私の亡くなった主人は東北の人で、私も東北弁は理解し、ある程度話も出来ます。「私は独りで寂しい」という言葉は、私が知っている東北弁では、「オラ　ハア　ヒィドリデ　スァビスィ」となります。

・原文の写真を見ると、何箇所も書いた後で手を入れたことがわかります。例えば、「雨ニモマケズ　風ニモマケズ」ですが、後で「モ」の字を右側に小さく書き足しています。その他にも書いた言葉を消して、別の文章に書き換えたりしています。ですから、「ヒデリ」だったとするならば、修正しているはずです。

・仮に「ヒデリノトキハナミダヲナガシ」であったとすれば、次の「サムサノナツハ」を見ても、「トキ」ではなく季節を、多分「夏」を入れないと釣り合いがとれません。また、重要なのは「サムサノナツハオロオロアルキ」で、同じ季節のことを連続で書くということも不自然です。そもそも、東北地方の太平洋側には夏は山背《やませ》が吹くのが問題だから「寒さの夏は」の件《くだり》があるわけで、夏の日照りを心配するというのはあり得ないと思います。

・前の文章は、「北ニケンクヮヤソショウガアレバ　ツマラナイカラヤメロトイヒ」ですから、「二人の人間がいて喧嘩や訴訟をするのは詰まらないからやめなさい。だって、話し相手が一人もいない、あるいは誰にも理解されることなく独りぼっちでいることは、涙がひとりでにこぼれるほど寂しいものなんだよ」と言っているのではないかと思うのです。

「ヒドリ」は意味がとりづらく、もしも、原文を書き換えることが許されるのならば、「ヒトリ」ではないかと思案しました。

雨ニモマケズ　風ニモマケズ

三　子どもの人格形成はどこで行なうか？

①学校のカリキュラムには人格形成はない

二〇二四年に二十年ぶりに一新される一万円札の肖像画が「渋沢栄一」に決まりました。因みに五千円札は津田梅子、千円札は北里柴三郎です。おまけにキャッシュレス化が進むと渋沢栄一の一万円札が最後の一万円になるかもしれないという観測もあります。そこで改めて渋沢栄一著『論語と算盤』（大正時代の講演などを昭和三年に発行）を読んでビックリしたのです。それは今、正に私が危惧していることがおよそ百年前に書かれていたからです。

「世間一体に、教育のやり方を見ると――私は殊に今の中等教育なるものがその弊がはなはだしいと思う――単に智識を授けるということにのみ重きを置き過ぎている、換言すれば、徳育の方面が欠けている、確かに欠乏している。又一方に学生の気風を見ると、昔の青年の気風と違って、今一と呼吸という勇気と努力、それから自覚とが欠けている、（略）その多い科目の修得にのみ逐《お》われて、これ日も足らずという風であって見れば、従って他を顧みる遑《いとま》もない勘定で、人格、常識等の修養に心を注ぐことの出来ぬのも自然の数で、返す返すも遺憾千万な訳である」

見てきたように江戸時代の勉強は、家庭においても寺子屋においても、内容の殆どは人格形成に費やされていたと言ってもいいでしょう。大正時代において、先の発言があり、現在は、何をか言わんやということです。

今の小学生の時間割は週休二日も相俟って、超過密スケジュールとなっています。英語の導入に当たっては、時間がとれないということで、朝自習の十五分×三日で四十五分の時間確保などという曲芸まがいの発言が文部科学省から出されたくらいです。加えて今度はプログラミングも教えることになっています。英語が話せることが大切なのはわかりますが、重要なのは英語で何を話すかだということは強調しておきたいと思います。英語の小学校での教科化は時代の流れだとしても、プログラミングに関しては、論理性が身につくという意見もありますが、各家庭において、子どもの意見も聞き、親の願いと刷り合わせをした結果、家ではこれをお稽古事として習わせたいという範疇《はんちゅう》に入るものだと思います。保護者は、「さあ、英語だ。プログラミングだ」と右往左往している状態です。

見てきたように、私立はある程度、独自の教育を行なうことはできるでしょうが、公立は文部科学省の指導に従うことになっています。人格形成に関して言えば、子どもたちの学校の時間割を見てください。あるのは週に一時間の「道徳」だけです。人格形成を、子どもたちの教育に情熱を燃やす心ある先生に委ねているということはあり得ないことだと思います。

ですから、自分の子どもの将来を考え、子どもには人格形成が必要だと思う親御さんは、家庭において、みなさんの手で、教え導いていく以外にないのです。

親の仕事　それは子どもの心を育てること

②子どもが教科書で学ぶように、親にも教科書が必要

現在、公教育、地域コミュニティの教育、そして家庭教育の三つのいずれにおいても、少なくとも「人格形成」に関しては、あまり機能していないと考えます。

前項で述べたように、公立学校では時間割から分かる通り、教科の勉強は教えますが人格形成については殆どノータッチです。「子どもたちを立派な人間に育てたい」と孤軍奮闘なさっている先生に頼っているのが現状です。

地域コミュニティについても先に述べた通りです。

残るは「家庭教育」だけです。公教育や地域コミュニティには手も足も出せないというより、出しようがありませんが、ここは可能ですよね。

これから子どもを育てようとする二十代から五十代のみなさんの身近に、お手本となる方や相談出来る方がいらっしゃるならこれほどの幸せはありません。もし自分独りで悩んだり心配したりという状況なら、教科書が必要です。

江戸時代には父親向けの教科書がずいぶん出版されていたようです。多くの日本人がこれらの本を参考にして、家庭において子どもの教育を行なっていたのです。

そして今、日本中のこれから結婚したい、結婚しようとしている、あるいは今、まさに子どもたちを教育している、あるいは孫が生まれる、孫が身近にいる。

そういうみなさん。少し古臭いと感じられるかもしれませんが、かつての良き時代の基本を学んだ上で、現代の教育と融合させることが必要ではないでしょうか。

この本が出版されるのは二〇二一年です。みなさんのお子さんは、間違いなくこの二十一世紀を生きることになるのです。自分の子どもを育てる上での基本を形作るためにこの本が少しでもお役に立てるのであれば幸いです。

温故知新

③日本で子どもを育てるのなら

それでは、小学校で教えている勉強は、どのように考えればいいのでしょうか？

私は先年、電通本社に勤務されているキリーロバ・ナージャさんの絵本『ナージャの5つのがっこう』を拝見し、是非ともお目にかかりたいと思い連絡をとり、東京でお目にかかることが出来ました。

ナージャさんは、ソ連（当時）生まれ。数学者の父と物理学者の母の転勤とともに、六カ国（ロシア、日本、イギリス、フランス、アメリカ、カナダ）の各国の地元校で教育を受け、電通に入社後、様々な広告を企画し、世界の広告賞を総ナメにし、二〇一五年の世界のコピーライターランキング一位に輝いた女性です。

私たちは日本に生まれ、日本で行なわれていることは正しく、それが全てだと考えて生きてきました。でも『ナージャの5つのがっこう』を読んで、それはホンの一握りの考えであることを知りました。

ナージャが不思議だな、ヘンだなと思う日本の学校のあれこれを、絵本と彼女のブログから挙げてみます。（読み易いように平仮名を一部漢字に変換しています）

・小学校に入学する年齢はなんでみんな六歳なの？
・なんで日本には飛び級がないの？　なんで小学校に留年がないの？
・なんで学校は四月から始まるの？
・名札ってなに？
・上履きってなに？
・なんで学校にプールがあるの？
・なんでこんなにたくさんノートがあるの？
・集団登校ってなに？
・なんでみんな黄色い帽子なの？
・教科書になんで名前を書くの？
・文字を書く時、なんで鉛筆で書くの？

ナージャさんが「日本の小学校は違うんだ」「ヘンだな」と感じたということは、少なくとも彼女が体験した日本以外の小学校では無かったということです。

解りづらいと思われることについて簡単に説明します。

・小学校に入学する年齢はなんでみんな六歳なの？　・・・ロシアの小学校入学年齢は子どもの発育や個性に合わせて六歳、七歳、まれに五歳、八歳から。
・なんで日本には飛び級がないの？　なんで小学校に留年がないの？　・・・日本での飛び級は皆無ではないが特例。飛び級も留年も、諸外国では個人の能力に応じて学び方を変えることは普通に行われている。
・教科書になんで名前を書くの？　・・・教科書はお下がりが多い。
・文字を書く時、なんで鉛筆で書くの？　・・・ペンで書く国も多い。ペンで書いたものは消すことができない。つまり「よく考える」を極めた考え抜いた文章が残ることになる。

それでも私たちは日本で生きています。だから日本の教育制度に適応することも求められます。例えば私たちの「株式会社　昴」では、次のように考えています。

「日日是鍛錬」　1　学問や芸術を学び極める
2　身体を鍛える
3　意志を鍛える

「逞しい人間」　受験勉強は、真剣に取り組み、経験することに意味があります。（略）この間に迷い、悩みを克服し、目標達成するところに、強靭な意志力と辛抱強く一つのことをやり抜き、苦労に耐えていく逞しい人間が形成されます。また厳しい受験勉強には、それに耐えられるだけの強健な体力が必要です。加えて子どもに学力をつけるための躾が挙げられます。毎日の規則正しい生活の中で、家族の一員としての役割を立派に果たし、正しい躾が生きて初めて学力が向上すると考えます。私たち昴の全社員は、子どもたちが大きな目標に向かって成長していくことを心から願っています。

勉強して得られるものは他にもあり、一つは勉強の楽しさを知ること。もう一つは勉強することで人生の選択肢が広がります。勉強を一心にやってきた学生が集まる大学に進むことで、人脈が違ってきますし、考え方の幅が広がります。

勉強から得られるもの　それは生きる力

四　感性豊かな子どもに育てるには？

①自然を考える

自然と言うと、「自然がいっぱいあって素敵」とか「自然はやっぱり気持ちいいなあ」という言葉が返ってきますが、もう一段、高く広く見てみましょう。あまり大きくしてしまうと私自身も分かりませんので、私が分かる範囲に絞りたいと思います。

先日、歳時記を見ていたときのこと。こんな俳句が目に留まりました。

春浅し空また月をそだてそめ　　久保田万太郎

月が日に日に満ちていく様を、「空が月を育てる」と表現しています。「空が月を」それも「育てる」と思うその感覚の鋭さ、優しさ、そして広さ。「そだてそめ」は「育て初め」であり、これから満月に向かって育てていくのです。また満月となった月は日に日に欠けていき新月となります。「空また月を」「また」は生々流転を表しているとも思えるし、もしかすれば月以外の星も空が育てたものかもしれないなどと思ってしまいます。

新型コロナウイルスのお蔭があるとすれば、空に目を向ける機会が増えたことでしょうか。先ずは自分の目を、自分の身のまわりから空高く引き上げてみませんか。昔の人が朝、起きたら昇って来たお日さまを拝んだように、昼は昔の農夫になったつもりで空の様子から天候を占ってみたり、夜は夜で海賊になった気分で北斗七星から方角を確認したり。目が高く上がるようになったら、今度は遠くへ飛ばしてみましょう。そして、海に、山に、川に思いを寄せるようになり、行き着くところは地球規模の環境問題になったりすれば、楽しいではありませんか。

コンクリートに囲まれて生きている私たちは、自然からどんどん遠ざかっているように思います。ですから、自分の方から相手に近づく努力をしないと、どんどん自然から遠ざかってしまうように思うのです。

空を見上げてみよう

②自然の中で遊ぶ

今やＡＩという言葉を聞かない日はありません。ＡＩに仕事を奪われる職種などを発表した人もあり、落ち着かない方も多いと思いますが、マサチューセッツ工科大学教授のマックス・テグマーク氏は、こう述べています。「これからの時代において『生き残る職業』と『そうでない職業』はあまり簡単に線引きできないのも事実です。むしろ、あらゆる職種において、『ＡＩで何ができるかを理解し、うまく活用できる人』が生き残り、そうでない人は負けるのです」（『コロナ後の世界』文春新書より）

そうであれば、私は、ＡＩがこれからしばらくの間は絶対に出来ないと言われている「感性豊かであること」が今まで以上に大事になると考えます。そしてそれは自然から学ぶのが一番だと思います。但し、これほど保護者のサポートを必要とすることはありません。保護者の意識がストレートに子どもに反映するからです。

手をつないで散歩している時、子どもに話しかけてみましょう。

「風がほっぺたに気持ちいいわね」

「あら、公園の辛夷《こぶし》の花がほころびかけてるわ。明日が楽しみね」

「まあ、見て見て！　西の空が夕焼けで綺麗ね〜」

「ここのお家の窓にネットが。ああゴーヤだ。家でも植えてみましょうか？」

感性を呼び起こすものとしては他にも、音楽会に行く、美術館に絵を観に行くなど。あるいは近くの丘や山に登る。水泳はプールもいいけれど、海にも行ってみる。こういうことの積み重ねを経て、感性豊かな人間の素地が創られるのではないかと考えています。お父さん、お母さんの趣味の世界に子どもを引っ張り込むのも素敵ですね。

35ページでご紹介した幸田文の『幸田文しつけ帖』では、日常生活の中でのよそ様との軋轢《あつれき》などについても、心の持ち方考え方などを指南し、同時にねぎらいもし、「黙って我慢することは心のバネの強化だ」と思わせ、「一生残るような教えをしてくれたということは、親子という個人教授の、もっとも良き成果といえる」と書かせているのです。「そしてこれもまた私の一生の根になっている教えがある。それはごく幼いころに吹き込んでおいてくれた、自然への手引きである」と述べています。

「からすが裸木に止っている。鳴く。ただ口をあけて鳴くだけではない。首をかしげたり、あちこち見たりしつつ鳴く。あいつは何を考えて、文句いってるのかな。そうだ、きいてやろうじゃないか。おい、かあ公、おまえなにいってるんだ、カーア、といった調子で父は木の下で鳴真似をする。時によるとからすは頭を下げて、父の方を見る。その交歓の面白さを知ると、子共は自分もカアと鳴く」

新型コロナウイルスの影響で、街中は行動が制限されることが多くなりました。でも近くの山や川とまではいかなくても家の周りの散歩くらいならいかがでしょうか。それこそ、幸田露伴ではないですが、カラスに「カーア」と親子で話しかけてみるなんて楽しそうですよね。

人との関りや自然への手引きは人の一生の根となる

③小さな自然の中で生きる　実践Ⅰ

私が小さい頃と現在では、およそ七十年。人間の歴史からすれば、針の先でつついた時間にもならないくらいの時間です。そして私がこの仕事を始めてから五十年以上の時間が経過していますが、五十年前の子どもたちと今の子どもたちとでは、驚くほどの違いがあるのです。わずか五十年です。

それはどうしてでしょうか。十八世紀半ばから後半にかけての第一次産業革命（主に蒸気機関車）までの長い人間の歴史の中では、基本的にはあまり変化はなかったのではないかと思います。その後、二十世紀になると第二次産業革命（主に電力による大量生産）があり、そして、この五十年の中に第三次産業革命（主にコンピュータ）と第四次産業革命（デジタル革命、ロボット・ＡＩなど）が入っているのです。この急速な変化が、子どもたちに影響を与えないはずはありません。

子どもたちは「社会の子」だと思うのですが、社会の変化は家庭の中では先ず保護者の感じ方、ものの考え方、そして生き方に大きな影響を与え、それは諸《もろ》に子どもたちへとつながっていると考えます。

子どもたちが変わったというより、社会が変化し、それにつれて保護者が変わったために、子どもたちが変わったと言ったほうが的確かもしれません。

小さな子どもたちを指導している昴のコーチが、「だんだん銀杏の葉っぱが黄色くなってきたね」と話しかけたところ、誰一人、銀杏を知らなかったというのです。街路樹として見かけることの多い銀杏を知らない子どもたちは、学校帰りに雨に遭い、ジャブジャブと水溜りに足を踏み入れる楽しみなど知る由もないのでしょう。

そこで、身近にできることから始めてみませんか。

私どもの会社の「受験ラサール」（主に難関の国私立小学校、中学校、高校受験）では、勉強だけではなくバランスの取れた人間教育の一環として、年長組・小学一・二年生のクラスで、「田植え」から「稲刈り」そして「おにぎり会」までの一貫した流れを授業の中に組み込んでから三十年近くの月日が流れています。教室の空き地に畳一枚強の田んぼを作り、田植えの日は地元のマスコミ各社も来てくださり、どろどろ、ぬるぬるした田んぼに足を取られそうになりながら一歩一歩慎重に歩いて、一株の稲の苗を植えていきます。自分たちが毎日のようにいただいているお米がどのようにして出来ているのかを知ることはとても大事なことだと考えています。また、二〇二〇年から、昴の小・中学部の全五十五校で、「落花生つくり」を始めました。

落花生は、木の枝にぶら下がっているような印象を持つ子どもたちが多いのですが、一粒の落花生から発芽し、黄色い花が終わる頃、子房柄《しぼうへい》が下にドンドン伸びて、ついには地面に達して、それが地面に潜り込んでいきます。そして、収穫の時、子どもたちから「ワーッ」というどよめきが上がったのは言うまでもありません。

子どもたちがピーナッツとして食べているものが、地面の下の殻の中で育つということを知ることは、それが小さなことであっても、自然の驚異を知り、自然への畏敬の念を持つ第一歩であることは間違いありません。

地面の中で成長する落花生を育ててみませんか

④小さな自然の中で生きる　実践２

私は今、マンションに住んでいます。ですから大木はどだい無理な話ですが、それでも大きなプランターに無花果《いちじく》、レモンなどの実のなる木を、横長の深いプランターには、朝顔、ニガゴリ（ゴーヤ）などの蔓で伸びるものを、また素人でも出来るミニトマト、ピーマンなどの野菜や季節の花などを植えています。

レモンの木には、蝶々（毎年、白黒の模様で、地味なアゲハチョウみたいな蝶）が卵を産みつけ、〝青虫から蛹《さなぎ》になり……〟という一連の流れを見ることができます。私は十四階に住んでいますが、それでも蝶々はやって来ます。

青虫を見つけると、鉢を住人が通る廊下側に移動させます。私の部屋の両隣には、それぞれ一人っ子である小学生の二年生と六年生がいますが、この時期は、学校への行き帰りなどにチョッと立ち寄っては観察しています。青虫が蛹になって、レモンの木から部屋の壁に移動していたのにはみんなビックリ。朝早く蝶々になる瞬間を見届けられるかは神のみぞ知るというところです。昨年、沢山のレモンの実がついたのですが、台風の風で殆ど落ちてしまい、最終的に二個のレモンが実りました。

レモンの行き先はもちろん二人の小学生で、一個ずつ、それぞれが花鋏で切り取りました。

お父さんから「来年も蝶々が来て、卵を産んで、青虫になればいいね」と言っていたと聞き、蝶々が喜ぶオイシイ葉っぱが育つようにと手入れをしています。

私の部屋から南東の方角に桜島が見えます。朝日も毎日、見ていますが、季節によって朝日が昇る位置が変わり、桜島の山頂から上る時期もあれば、ずっと南側から出るときもあります。理科が得意でない私は、それが不思議でなりません。

先ずは、小さなことから、できることからしてみませんか。

自然への手引きは親の仕事

⑤動物ではなく、人間として生きるために

人間が自然と一体となって生きていた時代、特に江戸時代には、平和な世が続いたこともあり、武士階級から庶民に至るまで、教育の息吹が充満していたようです。幸田露伴は五歳にして、『十八史略』を読んだそうです。露伴は特別だとしても、当時、子どもたちは論語を初めとして四書・五経などを自宅や寺子屋で学んでいたのです。

明治時代は活躍した日本人のナント多いことでしょう。その当時の人々が学んだ『論語』をこれまでもかじってはきましたが、それは常識程度のものでした。

今、子どもたちにとって「危機」ともいえる状況のなかで、今一度、『論語』に真剣に向き合いたいと考えています。

今、私どもの会社では、月に一回の本社朝礼で、私の当番の月には全員で『論語』の勉強をしています。これを録画して、昴の全社員が見ることが出来るようにしています。

「子曰わく、道に志し、徳に拠り、仁に依り、藝に遊ぶ」（述而第七ー六）を勉強

する時のこと。

「藝」という字を漢和辞典で調べてみると、今は「芸」となっており、修練によって得た技能、学問などの意味がありますが、この漢字のもともとの意味は、「植える。種を蒔いたり、草木を植え育てる」となっているではありませんか。芸術の「芸」の字のもともとの意味が「植える。種を蒔いたり、草木を植え育てる」であることに、大きな感銘を受けました。

「種を蒔いたり、草木を植え育てる」ことは、人間が動物ではなく人間であるために、必要不可欠なことであると再確認した瞬間でした。

『論語』を読んでみませんか

第三章　世の中のお役に立つ人間に育てるには？

一　本が好きな子どもに育てるには？

①本を読んであげよう

私はよく使われている「読み聞かせ」という言葉を、あまり好きではありません。「読んで聞かせる」何となく上から目線の感じがして、親と子どもの愛情が育っていくような場面にはそぐわない気がするからです。

小さい頃から本を読んであげることは、大きくなった時、読書好きにつながると思いますので、子どもが自分で本を持ってきて、「読んでください」と言った時は、きついなぁ、明日にしてくれないかなぁ、と思っても、そこはグッとこらえて、これがこの子の人間力につながると自分に言い聞かせて読んであげてください。

「本を読んであげること」について脳科学者の川島隆太氏は次のように述べています。「読み聞かせのプロジェクトというのをやっていまして、読み聞かせをする際の親子の脳をそれぞれ測ってみたんです。すると驚いたことに、母親の脳は前頭葉の真ん中の相手を思いやる領域、コミュニケーションを司る領域が一番働いていたんですよ。（略）ではその時に子供の脳はどうなっているかというと、話を理解する時に働く前頭葉ではなくて、辺縁系《へんえんけい》という感情を司る部位が活発に働いていたんです。

つまり幼い子への読み聞かせというのは、親が子供に心を寄せ、子供はそれを受けて感情を揺さぶられる、そういう作業だったことが脳科学で見えてきたんです。通常の文章を聴いている時の脳活動とは明らかに違う働きが見られるんですね。（略）読み聞かせを受けている子供たちは、やはり言葉を扱う能力が伸びていました。しかし一番大きな効果は、親の子育てストレスがガクンと減るということだったんです。子供に読み聞かせをする時間が長ければ長いほど、それがデータにハッキリ現れるんですよ。読み聞かせによって親子の愛着関係がしっかり結ばれるので、子供が親を引き付けるために悪さをしたり、親の理不尽な仕打ちを想像してビクビクしたりということがなくなるんです」（『致知』二〇一九年九月号対談記事より）

本を読んであげることで、親と子どもの心は深く強くつながる

②読書好きな子どもを育てよう

私ども株式会社　昴で年に二回行なうテストで不合格になった文系を担当する新入社員がいたので聞いてみました。「読書は好きですか?」「はい、読書は好きなので、今までにかなり読んできました」。本を沢山読んできたのであれば、理解力、読解力、集中力、ある程度の問題解決力などはあるはずなので、不合格はあり得ないのです。そこで重ねて聞きました。「どんな本を読んできましたか?」「推理ものです」

宜《むべ》なるかな。それなら不合格は納得です。

推理小説、探偵ものなどは、古いものは時代を知ることが出来たり、外国を知るキッカケになったりすることもありますが、一般的には、「本って楽しい」と読書の入り口にはピッタリだと思います。女の子が好きなファンタジー系の小説も楽しいですね。でも、いつまでもここに留まっていても困るのです。

やはり、年齢に応じて、あるいは興味、関心に応じて、自分の人生を豊かにするために、「自然科学」「人文科学」「社会科学」など色々の分野へ読書の範囲を広げていくことが望まれます。

ここの部分を中学入試、高校入試における国語の長文問題との関連で言うならば、こういう分野の本を普段に読んでいないと、読むだけでも一苦労で、問題を解くというレベルに達しないのです。

二〇一九年、ノーベル化学賞を受賞された吉野彰氏が小学四年生の時、化学を専攻していた担任の先生から紹介された一冊の本、イギリスの化学者・物理学者マイケル・ファラデーによる『ロウソクの科学』を読んで理科の面白さに目覚めたという話は日本中を席巻して、この本は売り切れ続出となったそうですが、私はこの担任の先生は凄いなあと思います。少年を温かい目で見ていたからこそ、この少年なら、この本の面白さが分るはずと直感し、紹介なさったと思うのです。

毎日、毎日、我が子の成長を見守っていらっしゃる親御さんだからこそ、今、この子に必要なものは何かがわかると思うのです。

因みに、「自然科学」「人文科学」「社会科学」などの本を読んでいないとする中学生の割合は次の通りです。

参考（「子どもの読書活動と人材育成に関する調査研究」報告書第3章）

国立青少年教育振興機構　平成25年6月

中学生で、自然科学に関する本を読んでいない　63・3％

社会科学に関する本を読んでいない　62・3％

伝記などを読んでいない　66・4％

生き方、人間に関する本を読んでいない　63・4％

多くの会社の長へのアンケートの中に、「想像力が豊かになるには？」も沢山ありましたが、本を読むということで培われると思います。

我が子の成長を温かな目で見て、視て、観てみよう

③絵本を読もう

私ごとで恐縮ですが、バレンタインデーには友人・知人や私共の会社によく訪ねていらっしゃる方々に、自分が厳選した絵本と僅かなチョコレートをお贈りするようになってから数年が経ちました。

絵本は子どものための本と思われがちですが、子どもたちはもちろんのこと、大人も読むべき本ではないかと考えるようになったからです。

小さい頃に良質の絵本を読む。これはこれでとても大切なことだと思います。

そして世間の塵芥《ちりあくた》に染まりはしないけれど揉まれた頃に、忘れかけていた大事なことをもう一度思い出す、初心に返るという意味で、大人にとっても必要なことだと思います。親子で読んでいただければ、こんなに嬉しいことはありません。

これまでにお贈りしてきた絵本は次の通りです。

二〇一六年　『あさがお』　荒井真紀著　金の星社
二〇一七年　『花さき山』　斎藤隆介著　岩崎書店

二〇一八年　『父は空　母は大地』　寮美千子訳　ロクリン社
二〇一九年　『ナージャの5つのがっこう』　キリーロバ・ナージャ著　大日本図書
二〇二〇年　『チェロの木』　いせひでこ著　偕成社
二〇二一年　『月と暮らす』　藤井旭著　誠文堂新光社

二〇二一年は、新型コロナウイルスの影響で空や月を見ることが多くなったことと、とびっきりの絵本と出会えなかったこともあり、写真がいっぱいの幅広い角度から月について紐解いてある本を選びました。

どの絵本も新鮮な驚きをもって迎えられましたが、二〇二〇年の『チェロの木』はこれまで以上に反響が大きい本でした。若い頃の仲間と登った八ヶ岳のことを思い出したとか、自分の小さいころの故郷のことを思い出したなどなど。いただいたお手紙の中から、一部分だけ抜き出してみます。

「今でも、暇さえあれば、ふるさとの山に行きます。山の中にいて、渡る風の音だけが聞こえる瞬間があります。小さい頃から慣れ親しんだ山ですが、その静寂にゾクッとします。ときおり、シカの鳴き声も聞こえます。

この季節の山の収穫は、たけのこやハッサク、もう少ししますと梅です。ヤブツバキもきれいです。先週は、鳴き始めたばかりのうぐいすが『ホー　ホケキョ』と楽しませてくれました。まだ、ちゃんと歌えません。初心者のようです。すでに初夏の赴きです。」

都会に住んでいればムリよ、という声が聞こえてきそうですが、『チェロの木』にはこんな手紙を書かせる力があるのです。ということは、こんな故郷が無くても、美しい絵とその文章から、読んだ人の心を揺さぶるものがあると思うのです。

心揺さぶる絵本を読んでみませんか

二　人生を考える人間になるには？

①伝記を読もう

伝記は小説とは違い、実在の人物が生きてきた人生そのものを知ることができます。そして今、子ども時代を送っている子どもたちとは、生きた国も生きた時代も家庭環境も何もかもが違います。もちろん考え方も感じ方も違います。

伝記に名前のある方々は、素晴らしい功績を残したり、それまでに無かったものを生み出したりしていますが、そういう方々は能力を生まれ持った人もあれば、好きが高じて極めようと努力をした人もいます。もちろん失敗を何度も何度も経験した人もあれば多くの人に支えられた人もいます。

苦境にある時、そういう人はどんな風に考えて、そこを抜け出すことが出来たのか、そういうことを知ることで、生きる力を得ることもあるでしょう。

自分とは違う人の人生をつぶさに知ることが出来るなんて、ナント素晴らしいことでしょう。そして、現れた事象について自分ならどんな風に感じどんなことを考えるのか、そして自分ならどうするかと考えることは、今の子どもたちにとって何よりのプレゼントだと思います。

ある方が、松下電器の松下幸之助氏に、「人を育てるために真っ先にすべきことは何ですか」と質問した時に、松下氏は一瞬のためらいもなく「伝記を読ませることです」とお答えになったそうです。

人を育てるために真っ先にすべきことは、伝記を読ませること

②『大学』を始めとする古典を読もう

お恥ずかしい限りですが、私はこの年になって初めて『大学』という本を読みました。キッカケは、江戸時代の子どもたちの本の読み方の順序は、先ず『大学』次が『中庸』『孟子』そして『論語』などと書いた本があったからです。

私が読んだ『大学』は、初めがカタカナとレ点などが付してある漢文、次にその漢文の読み下し文、最後に通釈、そして解説。

こういう本を江戸時代の子どもたちは六歳くらいから、子どもによっては四歳から読んでいたと本に書いてあり、ウーンと呻《うな》ってしまいました。

何故なら、読み下し文を読んでも一体、何が書いてあるのかさっぱりわからなかったからです。

諸橋轍次著『大学新釈』には、こう書いてあります。「日本の学者の中《うち》に、荻生徂徠《おぎゅうそらい》という傑物《けつぶつ》があったが、この徂徠が子供の時分に、父の手筥《てばこ》の中に大学諺解《だいがくけんかい》の一冊が在《あ》るということを知って、毎日之《これ》を読み、それが基礎となって、遂に講義も説明もなく、総《すべ》ての書物に通ずることが出来たという話が伝わって居《い》るが、之に依《よ》って考えても、この書物の値打《ねうち》は自《おの》ずから了解《りょうかい》せらるる訳《わけ》であろうと思う」。

荻生徂徠は別格だとしても、江戸時代後期には、『大学』『中庸』そして『論語』などを読み、それを理解し実践に移していくシステムが出来あがっていたのです。

殿様の幼少期から、殿様としての学問を教え導く人材が存在し、また殿様にお仕えすべく同様の勉強をしていた上級武士がいて、自分の藩の武士を含む領民みんなをより良く導くにはどうすれば良いか、と小さい頃から自分の将来を見据えた上で勉強していた武士階級がいたのです。


この原稿を書いている今、テレビでは朝から晩まで「新型コロナウイルス」の話題で、その中には国の中枢の方々のお粗末な失態も相次いで放映されています。

一九八〇年に、松下幸之助氏が「松下政経塾」を創設なさいましたが、おそらくは、日本国を憂えての行動だったのだろうと、今は推察します。


明治維新後、藩がなくなり、藩校の役割は東京大学などに引き継がれたと思うのですが、昨今は官僚になる人も以前よりは少なくなったと漏れ聞いています。

それでも東大を初めとする一流大学が、日本国のための官僚を育てるという役割を今も担っているのならば、大学の教養時代の「選択」ではなく「必修」の中に、江戸時代の子どもたちが学んだ『大学』から始まる古典の講義を入れていただければと考えます。

また多くの大学が、教養時代に同様の措置をとることにより、就職した時はもちろんのこと、家庭を持ち、お父さん・お母さんになった時に、大切な我が子にしっかりとした教育を行なうことが出来ることになり、たくさんの素晴らしい子どもたちが活躍する日本になると考えるのですが、いかがでしょうか。

日本の子どもたちが健やかに、そして幸せになるために、私たち大人が智慧を絞るべき秋《とき》がきているのではないかと考えます。

子どもたちに古典が伝わる仕組みを

③家庭で新聞を購読しよう

ヨーロッパには、本、雑誌を含めて活字文化は「思索のための食料」という考え方があり、新聞はゼロ税率という国が四カ国（イギリス、ベルギー、デンマーク、ノルウェー）あるということを知りました。これらの国では、文字の持つ力を知っているのでしょう。

今、日本では、子どもを育てている世代を含む多くの若者はニュースをインターネットで済ませており、新聞の購読部数が減少傾向にあるそうです。ということは、子どもたちが家庭で新聞を読む機会は更に少なくなりそうです。

確かにスマホは便利です。しかし、「便利」であるが故に、便利の究極である自分に必要なものだけを選んで見るということになりかねません。

新聞は、バタバタした生活には確かに不向きです。時間と場所と余裕が必要です。しかし新聞の良いところは、ある掲載記事から何か感じたり思ったりした時に、それについて考えるという行為をする、その時間を持つことが出来るということです。

朝ご飯をいただきながら、今日の新聞の中から、お父さんが気になったことなどを家族に話す。

子どもたちはそれについて、それぞれに自分の考えを述べることにより、子どもは小さいなりに世の中の動きを知り、自分の周りの小さな出来事ばかりではなく、大きな問題も大人と一緒になって、考える訓練をすることができるようになるという以前の良き習慣を取り戻しませんか。

新聞を家庭で購読しませんか

三　社会の一員としての子どもに育てるには？

①社会へのデビューは「挨拶」と「返事」から

子どもが一番初めに覚える言葉は「マンマ」でしょうか。それとも「ママ」「パパ」でしょうか。そして、

朝晩の「おはようございます」「おやすみなさい」

食事の「いただきます」「ごちそうさまでした」

出入りの「いってまいります」「ただいま帰りました」

次いで　よその人への挨拶、「こんにちは」「こんばんは」「さようなら」など。

前に紹介した『幸田文しつけ帖』によれば、「この挨拶が一家の会話の基礎になるのだ、といった考えによるものであり、また、もののけじめをきちんとさせることだ、ともきかされた。だからこの挨拶をなおざりにすると、うちの中の話がだんだんに通じなくなるおそれがあり、同時にうちの中の秩序が失せ、乱れが生じる

傾向になるといって、きびしく叱られた。もちろん、子どもにそんなことはよくわからないのだが、わからぬなりにいうことはきいたのである」

挨拶の重要性は認識していたつもりでしたが、ここまで考えたことはなかったので、心底「参りました」と思ったものです。

小さい子どもに言葉だけでなく、その考え方からその意味、その目的まできちんと説明をする。たかがと言っては幸田露伴に叱られそうですが、「挨拶」ひとつとってても懇切丁寧な指導をする。こんな教え方をされれば、大人になった時、仕事をする時にその目的を自ずと考えてすることになるので、いい仕事が出来るようになるだろうなあと思わず唸《うな》ってしまいました。

そしてとても大事なことなのに、ぞんざいに扱われている言葉が「返事」です。「はい」たったこれだけなのに、なぜか現代人は「はい」と言えば命かお金を取られるかのように「はい」という返事を言い渋るのです。時々病院へ行きますが、名前を呼ばれて返事をする人は稀です。ですから受付では、きょろきょろと周りを見回すということになります。

私どもの教室では、授業の始まりに出席をとります。子どもの姓名を「さん」付けで呼びます。子どもたちは大きな声で「はい」と返事をします。そういえば、中学生くらいになると、だんだん声が小さくなる傾向にあります。大人が返事をしないのはこの延長線上にあるのでしょうか。

ともあれ、にっこりして「おはようございます」と言う。これだけで一日が明るく、周りの人と和やかに過ごせます。加えて、名前を呼ばれたら大きな声で「はい」と返事をする。

「挨拶」と「返事」。これを子どもたちが小さいから体に沁みこませて欲しいのです。挨拶は、一生の財産となります。

挨拶は社会への第一歩

②親が、先に手出し・口出しをしない

うちの社員は「二十歳を過ぎているのに、とにかく考え方が幼い」「自分で自分のことをしっかり見つめることができない」「仕事の目的を考えて仕事ができない」などと考えている会社の長は大勢いらっしゃいます。かく言う私も、そう感じることはあります。理由はいくつかあると思います。

先ず、一家族の子どもの数が少ない。次に、社会環境、家庭環境が子どもの自立を促すようにはなっていない。三番目は、保護者が自立した子どもを求めていない。

子どもの数が片手で足りない時代なら、子どもは黙っていても自立する方向に向かわざるを得なかったのです。子どもが少し大きくなって、言葉を発するようになった時、「何が欲しいの?」と問われ、子どもがあれこれ考えている時に「ああ、ジュースが欲しいのね」などと推察して口出しすることで子どもの言葉はもとより、考える力などの成長をストップさせる。こんな例は枚挙に遑《いとま》がないくらいです。

子どもの教育には、「信じて待つ」ということはとても大事なことだと考えます。

子どもたちにお財布を見せてもらったことがあります。中には、お父さんのお小

遣いよりも沢山のお金が入っていることにビックリしたものです。

お金があれば、お米を研いで炊飯器でご飯を炊く必要もないし、おかずを作らないでもお腹は満たされる時代になっています。また家庭に波風を立てたくないという風潮も広がっているように思います。このような時代に、子どもの自立を求めるのは、親の覚悟がいるのだと考えます。

また、自然界に学んでみるという手もあります。動物の生態を記録した動物もののテレビを見るのも大いに参考になります。動物の子どもは本能で巣立ちをする時期が分るものと見えます。そういう時、動物の母親は絶対に手出しをしません。手出しをするどころか、逆に子どもにとってより難しくなる状況を作り出す動物さえいます。

動物よりも知能も高くかつ情緒も持ち合わせている人間ですから、自然界の動物が出来ることは必ず出来るはずだと思うのです。

信じて、待つ

③小さい頃から一人前に扱う

大人に成りきれないということは、小さい頃から一人前に扱われたことがないのも原因の一つだと考えます。

家庭が、子どもにとって第一の社会であるならば、ご近所のおじちゃん、おばちゃんが次の社会です。近所を歩いているとき、顔馴染みのおばちゃんに出会ったら、先ずは、親御さんがお手本を示し、お子さんにもご挨拶を促してください。

少しずつ大人との会話が出来るようになったら、さらに範囲を広げて、買い物をさせてください。私が小さい頃は、どこの家でも子どもたちは一人で買い物に行かされました。小さなお鍋とお金を握り締めて豆腐屋さんへ豆腐を買いに行ったものです。独りで買い物に行くということは、豆腐屋のおばちゃん＝大人と話をする、つまり社会の中で生きる術を学んでいるのです。

「そんなこと、今は出来ませんよ」と言う声が聞こえてきそうです。全国の多くの商店街が無くなってしまった今、スーパーでの買い物がほとんどという家庭も多いのでしょう。しかし、スーパーでも、子どもの買い物は可能ではありませんか？

野菜だけ、肉だけというように限定すれば、売り場を尋ねながら、買い物をすることは出来ると思います。但し、見守りは必要かも知れません。

大人と会話することは大事に守られた家の中から一歩出て、社会に足を踏み入れるということです。そしてそこでは、大人は一人前として扱ってくれます。これを積み重ねることによって、自信もついてくるでしょう。

子どもに一人で、買い物をさせよう

先日、「はじめてのおつかい」というテレビ番組を見ました。三～四歳の子どもが生まれて初めて、一人で、お母さんに頼まれたお使いをするというもので、健気な子どもの姿に笑いあり涙ありという番組です。そこで思ったことは全国には個人商店や商店街が残っている街がまだまだあるということです。そういう街では、お母さんと一緒に何度も買い物に行くことで、道順や店の場所も覚えられるんですね。ご自分の住んでいる街の状況に合わせて、一人で買い物をさせてみてください。

④親の代理で、お使いに行く

私が大人として認められたと感じたとき。それは口上です。お隣に戴き物の梨をおすそ分けに持参する。この時、お隣のおばちゃんに申し述べる口上を母から何度も練習させられました。

「こんにちは。本日は、親戚から梨を送ってまいりましたので、ホンの少しですが、秋の味覚を味わっていただきたく、おすそ分けにお持ちいたしました」

普段使わない言葉もあったりして、何度も何度も繰り返し、間違えないようになるまで練習し、その後、お隣に出向きます。

いつも気軽に話をしているおばちゃん相手なのに、この時ばかりは緊張してつっかえつっかえしながら何とか言い終えると、お隣のおばちゃんはそれと察して、「まあまあ、本日は初物の梨を頂戴いたしまして、誠にありがとうございます。どうぞ、お母さまによろしくお伝えくださいさい」

お隣のおばちゃんはおばちゃんで、大人に話すような言葉をゆっくり返してくださいます。おばちゃんの言葉を一言一句間違えないように必死で暗記しながら聞き終えると、一目散に家に帰って、忘れないうちに母に復唱します。

母は、「まあ、お隣のおばちゃんが、そう言ってくださったの。喜んでもらえて良かった。お使いが上手になったね」

大人が子どもを一人前の人間として扱うことで、子どもは大人の世界に一歩ずつ足を踏み入れていくのです。

こういう習慣が身に染みついているので、私はマンションに住んでいる今でも、一人住まいにはあり余る戴き物をしたときは、自分のフロアーの全戸に配って歩きます。お蔭でマンションであっても仲良く過ごせています。

作り過ぎたり、戴き物があった時は、ご近所にお使いをさせよう

四　礼儀作法を身につけるには？

①「礼儀作法を知らない」とは？

多くの会社の長が「うちの社員は礼儀作法を知らない」と挙げていますが、では具体的にどんなことを指しているのでしょうか。

それは多分、きちんとしたお辞儀が出来ない。返事をしない。新入社員なのに遅刻をする。大事なことをメールで連絡してくる。といった類いのことではないかと推察します。辞表をメールで送信してきた、という話を聞いてビックリしたことがありますが、もしかしたら今この瞬間にもそんなメールが日本中を飛び交っているのかもしれません。

では、こんなことが起きる根本はどこにあるのでしょうか。

それは、小さい頃から「内」と「外」の区別を教えられていないからだと思います。例えば、大人になって電車の中や出勤途中の車のなかで化粧をする。レストランで大声で話しながら食べる。陰で人の悪口を言うなどなど。即ち、小さい頃に社会との接点をきちんとした形で教えてもらわなかったということでしょう。

言いにくいことではありますが、礼儀作法が身についていないということは、勤めている会社の仲間や仕事に関係のある人からの信頼が得られないということにもなり兼ねません。そうなると将来、いい仕事が出来ないということも考えられます。

ということは、給料や昇進などにも大きく関わってくるということになります。

小さい頃から勉強させる、お稽古事を沢山させる親御さんが多いのは親心からだと思います。しかしご存知の通り、子どもの年齢にあった「躾」は最優先なのです。

「仏作って魂入れず」

ひとやすみ

関ヶ原の戦いで「敵中突破」をしたまだ若い頃の薩摩藩の島津義弘が馬に乗って川原に差し掛かると、一人の女性が川で大根を洗っていた。義弘がその大根を所望すると、女性は相手が何者か分からなかったが、身分の高い人であろうと思い、大根をそのまま差し上げるのは失礼だと思い、自分が被っていた笠の上に大根を乗せて差し出した。その心遣いに感銘を受けた義弘だったが、この女性こそ後の義弘の妻になった宰相殿だった。

大根が取り持つ縁で島津義弘の妻となったこの宰相殿。義弘から今で言うラブレターを生涯受け取り続けたと言われています。

礼儀作法を身につけていると、こんな素敵なご縁もあるというお話でした。

②おんぶの時から挨拶の訓練は始まっている

お母さんが外出する時、ベビーカーか、もしくはおぶうことになりますが、最近は背中ではなく自分の胸の方におんぶ？抱っこ？しているお母さんが多いようです。つい先日は、赤ちゃんの顔がナント！　道行く人を見るようにおんぶされていた赤ちゃんを見ました。多くのお母さんがそうしているということは、何らかの利点があって、それが広がっている、もしくは推奨されているからだと思いますが、もしも、お母さんが何かに躓いて転んだとしたら、赤ちゃんは顔面から道路に叩きつけられるのではないでしょうか。生まれて間もない一歳未満の赤ちゃんを〝守る〟ことが、先ずもってお母さんの役割だと思います。

ルース・ベネディクト著『菊と刀』には、こんなことが書いてあります。

「母親は働く時には嬰児を寝床の上に置き、外を歩く時には背中に背負って連れてゆく。母親は嬰児に話しかけ、鼻歌を歌って聞かせ、いろいろな儀礼的動作をさせる。母親は自分が誰かに挨拶を返すおりに、赤ん坊の頭と肩とを前の方へ動かして赤ん坊にもおじぎをさせる、嬰児はいつも仲間に入れられる」

かつての日本の赤ちゃんは、歩くことも話すことも出来ない頃から、お辞儀をしていたのです。加えて特筆すべきは、「仲間に入れられる」の部分で、赤ちゃんの頃から社会の一員として社会に溶け込むようにしていたのです。

私が小さい頃を思い出してみると、確かにお母さんがお辞儀をする時は、背中の子どものお尻を両手でヒョイと上の方に押し上げて、「ほら、あなたもご挨拶をするのよ」という感じで子どもに話しかけて、子どもと一緒に挨拶をするお母さんが大勢いたように思います。これで挨拶ができない大人が生まれるわけがないですね。

この原稿に手を入れていた三月初め、多分、自分の診察室でだと思いますが、女性特有の癌のことでインタビューを受けていたある女性医師が、背中に赤ちゃんをおぶっているのをテレビで見てとても勇気付けられました。

みなさん、やっぱり赤ちゃんは背中におんぶがいいと思います。

赤ちゃんは背中におぶって、赤ちゃんにも挨拶をさせよう

③礼儀作法は勉強で身につけられる

私自身、大きな口をたたいていますが、礼儀作法についても未だに勉強途上です。小さい子どもをお持ちのお母さん。お子さんの将来のために、礼儀作法をしっかり勉強してみませんか。きっと自分に自信がつくと思います。本屋さんに行けば、勉強材料は山ほどあります。

因みに、私が若い頃から読んでいる礼儀作法に関する本の一部をご紹介します。

・日本の礼法　小笠原清信　著　講談社
・小笠原流　やさしさが伝わる日本の礼法　前田紀美子著　玉川大学出版部
・一流人の礼法　小笠原清忠　著　日本経営合理化協会
・大人のマナー講座　日本マナー・プロトコール協会　PHP研究所
・日本人の礼儀　上月マリア　著　あさ出版
・きれいな敬語　羞かしい敬語　草柳大蔵　著　グラフ社
・礼儀覚え書　草柳大蔵　著　グラフ社

「お里が知れる」という言葉があります。礼儀作法は、先ず姿勢、お辞儀、訪問ときて、次は食事のいただき方ですが、この食事の作法は正にお里が知れる代表だと思います。

有名な男優の話です。「自分に与えられた役を演じる時、それをはっきりと演じ分けが出来るのは『お風呂の入り方』と『食事の仕方』だ」納得です。

私が父から何度となく注意されたこと

・食事は全員揃ってから始める。終わりもみんな一緒に食べ終わる。
・箸の持ち方、茶碗・皿の持ち方・口を開けてくちゃくちゃ食べてはならない。
・長いものを高く持ち上げ、下から口で受け止めてはならない。
・大きなものはかぶりつくのではなく、箸で小分けにすること　などなど。

帰りの遅い父をちゃぶ台の前でお腹を空かして待つなんて思い出を含め、今となっては、有難い教えだったと感謝しています。

勉強するお母さんは、子どもの自慢のお母さんです

④敬語が使えるようになるには？

私自身、尊敬語・丁寧語・謙譲語の区別がそれほど苦労せず、ある程度使えたのは小さい頃からの下地があったからですが、それでも細かくは成人してから必要に迫られて勉強しました。そういう意味では父や母に感謝しています。

前述の『菊と刀』にも、次のような記述があります。「日本人は嬰児の言語の習得を偶然の模倣にまかせておかない。彼らは赤ん坊に単語を教え、文法を教え、敬語を教える。そして赤ん坊も大人もともにその遊戯を楽しむ」

マンマから始まり、今時ならパパ、ママを筆頭に、身の回りの単語を覚えた頃には、文章を話せるようになるというのは分ります。では「敬語を教える」とは、どういう範囲なのでしょうか？　恐らくではありますが、「飴をください」というような「丁寧語」ではないかと推察します。

外国でも「Please」をつけないとお菓子は絶対にあげないそうですが、私たちも「飴！」と言うだけで飴を子どもに与えるのは止めにしませんか。

また、近年、気になる言葉があります。それは「ありがとう」です。確かに、この本の冒頭にもあるように、心を込めて「ありがとう」でもいい場面もありますが、基本は「ありがとうございます」が身につくまで教える。そして崩すのならその後だと思います。

これに類する言葉で「おはよう」があります。テレビのコマーシャルで家庭での朝の風景を採り上げるものは多いですが、その大半は「おはようございます」ではなく「おはよう」なのです。

子どもが親に向かって「おはよう」と言う。子どもが先生に向かって「おはよう」と言う。子どもがお隣のおばちゃんに向かって「ありがとう」と言う。

この子どもが大きくなって就職して、新入社員なのに一番遅く出社して自分の部の全員に向かって「おはよう」と言う図を想像してください。この子どもの将来は明るいとは言えないと思われます。子どもは真似から始めます。先ずはお父さん、お母さんの素敵なお手本をお願いします。

「おはよう」ではなく、「おはようございます」

⑤本当のお礼とは？

「ありがとうございます」が言えない日本人はいないと思うのです。しかし、「お礼が言えない若者がいる」と思っている会社の長が多数いらっしゃるのは事実ですし、私もそう思うことは多々あります。

こんなことまで書いてある敬語の本はなかなか無いのですが、例えば、会社員のあなたは昨夜、上司にご馳走になりました。もちろん、あなたは帰る時に、「本日はご馳走になり、ありがとうございます。とても美味しゅうございました」と言うでしょう。

問題は翌日、もしくは次に上司と会った時です。あなたは上司に「昨夜は・先日は、お忙しい中ご馳走していただきまして、本当にありがとうございます。お蔭さまでバリバリ仕事が出来そうです」というような再度のお礼が言えているかどうかということなのです。

これはご馳走に限らず、何か頂いた、自分のために何かしていただいた、全てについて言えることです。本当に有り難いと思うのなら、その場でのお礼は当たり前。

その後に再度のお礼を言う。更に言葉では足りないというくらいのことをしていただいたと思う場合は、丁重なお礼状を書くのが礼儀なのです。

昔はビジネスの世界ではこれをしっかりと教えていたのです。しかし時代が移り上司と部下の関係が変化したことにより、ご馳走した上司がこれを教えるとなると、恩を売るとか恩着せがましいと思われるなどの理由で言えなくなった上司が増え、大事なことを知らない若者が増えてしまったと思われます。

「お礼は言った。はい、これで終わり」ではなく……そうですね。お寺の鐘の音を思い出してください。鐘を打つ音の後、高く遠くまで届く音があり、それに続いてうなるような余韻が響きます。この余韻があるから、私たちは鐘の音を美しいと思うのではないでしょうか。

翌朝のもう一度のお礼、これが余韻です。きっとそれがきっかけとなって、それ以降、素晴らしいコミュニケーションを取ることが出来ることでしょう。近年、上司とは飲まないとか忘年会スルーとか、「忘年会をするお金があるのなら現金でくれ」という生々しい意見もあるそうです。

国と国もそうですが、若い人たちの「自分ファースト」も、私たちの日常も双方が歩み寄ることで丸くおさまると思います。つまりは、「相手の立場に立つ」というきわめて初歩の考え方の欠如ではないでしょうか。

お母さんがお隣さんに言う「昨日頂戴したりんごはとっても美味しいお味でした。ありがとうございます」などという言葉を聞いて育った子どもは、きっと再度のお礼が言える大人になるのではないでしょうか。

加えてもう一つ。私は大層お世話になった方とは、その後もそのご縁を大切に守っています。それが礼儀だと思うからです。実は昴のある教室を故あって閉じたのですが、その教室の大家さんも、今でも亡き会長の仏前にお花を、また社員には地域の特産物などを沢山届けてくださいます。社員にはその旨を知らせ、これ以上ない良きお手本とさせていただいています。

もう一度のお礼を

第四章　仕事が出来る大人になるには？

一　仕事は何歳からさせればいいか？

①子どもに仕事をさせる

ここでいう「仕事」は、あくまでも「仕事」であって、その時その時の「お手伝い」ではありません。

私には三人の姉がおり、朝に夕に、それぞれ役割分担がありました。便利な電化製品のなかった時代に、子どもの労働力なしに、家庭の一日は始まらないし終わらなかったのです。

例えば、私が小さい頃からしていた家庭での毎日の「仕事」を、今、お子さんがしているお手伝いと比べてみてください。

朝　：　自分の布団の片付け
　　　　庭掃除・家の庭と家が面している道路の掃き掃除

夕方：　風呂の水汲み　これは毎日ではない。一度汲んだら何日かは使う。
　　　　（井戸で水を汲み、五右衛門風呂がイッパイになるまでバケツで運ぶ）

近所の人も入りに来る。

風呂焚き（薪で火を熾《おこ》し、適温になるまで火を焚き続ける）

晩ご飯を作るところから、いただくまでの仕事

釣瓶《つるべ》で水を汲み上げるのは結構、力のいる仕事だから、井戸から汲んだ水がこぼれないようにバケツに移すにはどうすればいいか？　風呂場まで水を運ぶのに、途中でバケツから水がこぼれないためにはバケツにどのくらいまで水を入れたらいいか？　火を熾すには、新聞紙はどう配置し、細い薪はどんな風に組み立てたらいいか？　こんなことを毎日毎日考えながら自分の仕事をするのです。

井戸の釣瓶で水を汲み上げ、その水をバケツで運ぶのを流石《さすが》に父も大変だと思ってくれたようで、太く長い孟宗竹を半分に割って節を切り取り、井戸から風呂釜まで孟宗竹の長い連絡路が設置された時は本当に嬉しく、更には井戸にポンプがついて大量の水がドーッと流れ出た時の感激は忘れられません。

冬の朝、手袋をして箒で庭掃除をしていると、「箒は素手で握れ」と父に叱られる。

夕方、チャンバラごっこをして、箒を庭にほっぽりだしておくと、朝、箒にはびっ

しりと霜が降りている。素手で箒を握るのは冷たくてたまらない。だから夕方、チャンバラごっこの後は箒をどこに置いておけばいいかを考える。

子どもの頃のこういう経験があるからこそ、大人になった時、どうすればもっと早く出来るか？　どうすればもっと美しく仕上げることが出来るか？　どうすればもっと楽に仕事をすることが出来るか？　などと考えながら仕事をするのは当たり前のことなのです。

今、子どもたちが生活している世の中は、蛇口をひねれば温かいお湯が出てきます。ベッドなら布団の上げ下ろしも不要です。もしかしたら晩ご飯のおかずは全部スーパーかコンビニで調達すれば、家で料理をする必要もありません。

それが良いとか悪いとかの話ではありません。そういう時代なのです。そんな時代だからこそ子どもに仕事を与えなければならないと考えます。

例えば、マンションのベランダで、花や野菜をプランターで栽培する。その世話を小さい子どもたちにさせたらどうでしょうか。素人でも出来る野菜、例えばミニトマト、ピーマン、ニガゴリ（ゴーヤ）などの植え付け、水遣り、草取り、肥料やりなど「あなたが育てたミニトマトは美味しいわね」のひと言で、家族の一員としての自覚と家族の役に立っているという満足感は大きいでしょう。

こういう思いが、大きくなった時に人のお役に立つ仕事をしようと思う気持ちにつながると思います。またこれは朝早く起きることが前提条件となりますので、「時間管理」という多くの大人が苦手なことも身につくと思います。

今、この本を読んでくださっているみなさんのご家庭の事情に合わせて、この仕事を家族の誰かがしてくれたらどんなにか助かるのに、と思う仕事があれば、お子さんにさせてみてください。この仕事がこの子にはまだ難しいなんて考える必要はありません。先ずはさせてみること。子どもには子どもなりの工夫が生まれてくるものです。

ミニトマトを子どもさんと一緒に栽培してみませんか

②仕事は一歳から出来る

「仕事」という言葉を使うので「仕事は大きくなってから」と考えがちですが、でもやはり「仕事」は一歳からなのです。

子どもたちは、「自分の成長のための仕事」をしたがっているのです。

「若い女性が、初めて母親になり、オロオロしているうちに、アッというまに二、三年くらいは過ぎてしまいます。どう扱えばよいかわからないまま、悪戦苦闘しつつ必死で育ててきたのに、そのもっとも大変な時期の努力が逸脱発育で報いられるなんて、なんとも無慈悲きわまりない話ではありませんか」

「お母さんかおばあちゃんが、いつもすべて子どもに代わってしてやったら、結果は悲惨です。（中略）何もかもしてもらった子どもは、三歳前後から落ち着かなくなるか、ボーッとしてやる気がないか、とにかく困ったタイプになってしまうものです」（『幼児期には2度チャンスがある』 相良敦子著より）

逸脱発育とは、モンテッソーリによれば、二つのタイプがあり、一つは、「絶え間なく、抑制できない無目的・無秩序な運動をし、多くのことを始め、何も最後まで成し遂げないで、ただ走り回ります」、もう一つは、「暗い表情をして、声も小さく自信なげで、消極的で覇気がありません。にもかかわらず、陰では意地悪をしたり、突拍子もないことをして人の関心をひこうとします」というような子どもになっている状態を指します。

こうならないための一つの育て方が「仕事」なのです。一歳から三歳くらいまでの重要性と子どもの特徴や育て方についてはこの本をお読みいただくとして、この章ではこの本の中から、仕事に関する部分を簡略してお届けします。

一歳過ぎ・ふかしたジャガイモの皮むき　一歳十カ月頃・包丁で切る

二歳過ぎ・食器を運ぶ　三歳頃・なんでも注げるし、こぼさない

これらはあくまでも一例です。お子さんをよく観察した上でさせてみてください。

習うより慣れろ

二　他への配慮が出来るようになるには？

他への配慮こそ、小さい頃に身につけておかないと、大人になってからは、なかなか難しいことと思われます。

「配慮」ということで今の私に一番役に立っていると思われることは、朝、夕の食事の時です。食事の時間における私の仕事は、ご飯の「お代り」の係でした。父・母と子ども四人、みんなで六人が丸いちゃぶ台の周りに座り食事をするのですが、私の手元にはご飯の入ったお櫃《ひつ》と小さくて丸いお盆がありました。「いただきます」の後、みんなが食べ始めてしばらく経つ頃から私の仕事が始まります。

そろそろ父のご飯茶碗が空になるかもしれないと思われる頃、父に向かって、「お代りはいかがですか？」と言うと、父はご飯茶碗に一口のご飯を残して、「いただこうかな」。そこですかさず小さな丸いお盆を差し出します。父がお盆にご飯茶碗を載せると、ご飯をよそい父に返します。このように自分以外の家族全員のご飯のお代りをよそうのが私の係でした。

給仕をするからといって、ご飯を食べ終わるのが遅くなってもいいというわけではなく、給仕をしつつ、ご飯もしっかり食べて、家族全員が一緒にご飯を食べ終わる決まりになっていました。ですから、周りのご飯茶碗の状態を気にしながら、給仕をする間に自分もご飯を食べるという食事を十年以上は続けたと思います。私の仕事が味噌汁ではなくご飯のお代りだったのは、私が小さかったからでしょう。

間食が多いために追いかけてでも食べさせる、あるいは「どうか食べて頂戴」と願うような食事ではこんなことは無理かもしれませんし、ご飯いっぱいのカレーや丼ものでは、お代りもそうそうないでしょうね。ではどんな仕事があるでしょうか。

食事で言えば、茶碗、皿、箸などを、その日の献立に合わせて準備する。献立によって、お茶なのか、コーヒーなのか、考えるのも楽しいでしょう。

小さい頃はご飯のお代りの係を、少し年齢が高くなってきたら、こぼれ易い味噌汁のお代りの係。その他には、食事の後にタイミングよくお茶を出す係もいいですね。食事での仕事が良いのは、朝と晩の二回、それも毎日だからです。

玄関の妹の靴が元気よく飛び跳ねていたら、さっと出船の形に直しておくのも、もしかしたら毎日の日課？になるかも知れません。

便利な世の中で子どもを鍛える場所を探すのは大変かもしれませんが、知恵を絞ってみてください。

そうそう、これは知り合いのお話です。そのお宅では家族全員が揃う時間がなかなか取れない。そこで、「毎日、朝ご飯だけは家族全員揃っていただく」と決めて、もうかなりの年月が流れた。子どもたちの学校に行く時間に合わせて、前夜、付き合いでどんなに遅くなっても自分はとにかく起きて、朝ご飯を一緒にいただく。

世の中には、こんな努力をしているお父さんもいらっしゃいます。

自分の家では何をさせればいいか、知恵を絞ってください

三　気が利くようになるには？

①子どもと一緒に料理をしよう

「気が利く」と「他への配慮」は、似ているようで少し違う面もあるように思います。「配慮」は他へ心を配ること。ひと言で言うならば心遣いですが、「気が利く」はその場に応じた適切な判断が素早く出来ることであり、「配慮」をより高度なレベルに高めた人間関係が求められます。

私は普段は自転車通勤をしています。ある雨の朝、時々車に乗せてもらっている社員から自宅に電話がありました。「今朝は雨が降っていますが、お迎えに上がりましょうか」

この事例からも分かるように、配慮というのは、「相手の立場に立つ」ということが前提にあるのです。その前段階として「段取り」があります。

例えば、朝の忙しい時間に、ワイシャツのアイロンがけと食事の後片付けをする時、アイロンのコードをコンセントに差し込んでアイロンの前で熱くなるのをじっと待つのか、それとも熱くなる間の時間で後片付けを終わらせるか、勿論、後者が段取り力があるのはいうまでもありません。「段取り」がつけられないのは、目の前の一つのことしか目に入らないからだと思います。

「段取り力」を身につけるのに一番いいのは、料理です。

しかしながら、昔と違って時短料理のための調理器具もいっぱいあり、テイクアウトも花盛りですから、料理そのもので段取り力をつけるといっても、なかなか難しいのが現実かもしれません。

先日、美容院に「これ一つでお腹イッパイの献立特集」という雑誌がありました。

冷凍のうどんを使ったものの場合

作り方の一、先ず、お湯を沸かして冷凍うどんを三分煮る。

　二、その間に、上に乗せる野菜を切る、

などと書いてありましたが、この二のところの「その間に」という部分、これが「段取り力」の元なのです。

医学用語では「臨界期」と言っていますが、「モンテッソーリ教育」では「敏感期」

と呼んでいます。ある目的のために、ある時だけ何かに対して非常に強く反応することをいいます。

その中に、「順序」があり、順序への拘りは、「目標を設定し、それに向かって段取りが組める能力」として開花します。

例えば、朝、保育園や幼稚園に行く時、お母さんは時間を気にして、目に入った上下を着せようとする時、子どもが大泣きしたり、「イヤイヤ」と駄々をこねることがあると思います。これは、子どもには「パンツ↓Tシャツを着る」という子どもの順序があるとすれば、お母さんの「Tシャツ↓パンツ」という順序と違ったからだと思われます。お母さんにしてみれば、パンツが先か後かどちらでもいいようなものですが、子どもにとっては自分が決めた順序をその通りに行なうということは、将来「自分で考え、段取りをする」ようになるための準備なのです。

子どもに料理の段取りを考えてもらう

②相手の立場に立つ訓練をしよう

「気が利く」は小さい頃に「他への配慮」を身につけておき、大人になってからそれに磨きをかけるものかもしれません。

私どもの会社の会議資料の準備の話です。

問題はＡ４の用紙が数枚綴られた簡単な書類の場合です。初め、左側の真ん中がホチキスで一箇所綴じてありました。これだと紙をめくるたびに、ホチキスを中心に、紙は大きく左右に振られることになります。私は「何とかしてほしいなぁ。いつ気がついてくれるかな？」とかなりの期間、待っていました。しかし私が求めるものはなかなか出てはきませんでした。

なぜなら、「気が利く」ということは、相手の立場に立たなければ分からないことだからです。この書類を自分で使ってみて初めて、これは不便だなと気付くわけです。自分で使わなくても想像力を働かせ、相手の立場に立った仕事が出来ることが本当の意味で気が利くということになります。

私は本社の全員の前で、左真ん中に一箇所、ホチキスで留めた冊子を開いてみせたところ、色々な意見がでました。ホチキスを二箇所にする。するとホチキスとホチキスの間は綺麗に折り目がつきますが、上と下はバラバラになります。

さあ、ではどうすればいいでしょうか？

そこで出た意見。ホチキスで二箇所留めた後、ホチキスに沿って折れ目を作っておけばいい。最後にパンチで穴を開ける、という意見がでました。いいですね。

要は、相手の立場に立って実際にやってみると、元々考える力が無いわけではないので、ヒントを与えると考えることはできる。

つまり、何度も何度もそういう機会を作ってあげることで、そういう思考方法が身についていくと考えられます。

相手の立場に立つ訓練をさせること

● 四　忍耐強くなるには？ ●

①ポケットから手を出して歩こう

私が小さい頃には、「子どもは風の子」という言葉がありました。

「子どもは風の子」だから、寒くても手はポケットに入れないで歩きなさい。

「子どもは風の子」だから、首は縮めないでシャンと背中を伸ばして歩きなさい。

「子どもは風の子」だから、男の子は半ズボン、女の子はスカートですが、これが寒くて寒くてたまらない。もちろん学校に暖房なんてない時代なので、「トイレ」という名前ではない「便所」でおしっこをすると、体内の熱をおしっこに奪われたみたいに一挙に寒くなるような気持ちがしたものです。


この「子どもは風の子」という言葉がいつ頃から聞かれなくなったのか定かではありませんが、もしかしたら言葉の消滅とともに、忍耐力もなくなったのかもしれません。

私の家の近くに小学校があります。真冬の寒い頃、一人の白い半袖シャツの子どもと一緒になりました。「寒くないの？」「寒いです」「頑張って」「はい、頑張ります」。この時、彼は今、自分が通っている小学校に半袖の子が自分を入れて二人いると話してくれました。彼の家では、「子どもは風の子」という言葉が生きているのかもしれないと思いました。

最近、二人のお母さんと話す機会がありました。一人のお子さんは小学三年生、もう一人は小学四年生で、二人とも男の子です。二人とも、幼稚園の年長さんから受験ラサール加治屋に通っていて、幼稚園の頃はパズルをしていました。

二人のお母さんは口を揃えて「みちこ先生からアドバイスをいただけて、本当に有り難く思っている」とおっしゃいました。その話は次項②に記しますが、私はアドバイスしただけで実行なさったのはお母さんなので、本当の主役はお母さんです。

子どもは風の子

②決めたことは、毎日、継続して行なう

お母さんのお話です。

「自分のお誕生会があったから」「運動会で疲れたから」と言って、一日でも休むと、次に、「今日は遠足でいっぱい歩いて疲れたから」と言って、休む口実をつけて休むことになる。

だから何でもいい、一旦やろうと決めたことはどんな小さなことであっても、何があっても、「休まず続けること」が大事だ、と私に言われたことを忠実に実行した。

受験ラサール加治屋にも幼稚園のころから通わせ、周りの人から、何も幼稚園のころから行かせなくてもと言われたけれど、子どもは「楽しい」と言って通っていたし、今も喜んで通っている。

その結果、子どもは一年三百六十五日、一日も休まず勉強している。でも、きついとか、イヤイヤやっているわけではなく、楽しそうに勉強している。風邪を引いて受験ラサールを休まないといけない日は、すごく残念がっている。

この一年三百六十五日、毎日、毎日、コツコツと一つのことをし続けることを努力というのだと思いますが、休まず続けること自体が素晴らしい「能力」だと思います。

私が学習塾という仕事をしていて、特に「忍耐力」に関して思うことは、小さい頃からの「勉強の習慣」が身についていない子どもが多いということです。小学校低学年の頃の漢字や計算などは、保護者のサポートがないと、なかなか難しいように思います。

今、小さい子どもさんをお持ちの方は、是非ともお子さんと一緒に机を並べて楽しみながら勉強してみてください。

勉強は毎日毎日行なう

五　判断できるようになるには？

子どもは可愛く、可愛い我が子だから、世話を焼きたくなる気持ちは分かります。でもそこはグッと我慢して、手出し・口出しをしないことが重要です。

子どもには何もさせず、何もかも大人がしてあげた場合、子どもは自分の意思で物事を決める必要はなくなってしまい、その結果、優柔不断な何も決めることの出来ない大人になってしまうかもしれないからです。

では、どうすればいいでしょうか？

赤ちゃんでも、二つのガラガラを見せると、好きなガラガラを手に取るそうです。つまり物言わぬ赤ちゃんでも、しっかり意思表示をしているのです。

今日はお出かけだからきちんとさせないと、とお母さんが着るものを上から下まで決めて着せるのではなく、きちんとしている二組のうち、どっちを身につけるかを子どもに判断させる。

もっと大きくなったら三組の中から選ばせる。そしてもっと成長したら、行動の判断だって出来るはずです。また、時計の針がここにきたら、幼稚園へ行く時間だということが分かっていれば、朝、オモチャで遊んでいてもいいのか、それともご飯を食べないといけない時間なのか、どうすべきか子どもだって分かるはずです。

さらに進んでオモチャが壊れて泣いていた時、お母さんが優しく「どうしたの？」と抱きしめてくれた。そしてオモチャを直してくれた時の嬉しさを知っていれば、幼稚園で自分より小さい子どもが泣いていたら、「どうしたの？」と声をかけるのではないでしょうか？

判断するというような、仕事をする上では難しい部類の事柄は、大人になってから急に出来るようになるものではないのです。それ故、赤ちゃんの頃から、そういうつもりで子どもさんに接してください。

手出し、口出しをしない

●六　自己中心的にならないためには？●

①五感で感じる

最近、読んだ本に『奇跡の脳』という本があります。ハーバード大学で脳神経科学の専門家として活躍していたジル・ボルト・テイラー博士は脳血管に生まれつきの異常があったために三十七歳の時、脳卒中に襲われます。幸い一命は取り留めたものの、左脳の機能は著しく損傷しており……そして八年に及ぶリハビリを経て、復活を遂げます。

この本には、「脳」について沢山のことが書いてあり、解るところもあれば、脳の話は難しくてウーンと唸る箇所も沢山ありました。その中で、ウーンではなく「ウンウン」と頷いたところがあります。

それは、「みなさんの多くは、人間は考える生き物だけれど感じもするものだと考えているかもしれませんが、生物学的には、私たちは感じる生き物だけれど考えもするのです」というところです。

例えば目隠しをして、手で氷を触ったとします。「ヒヤッ」「ウー、冷たい」その後、「これは氷かな？」先ず感じて、その後に考えるというのが順序だということで、すごく納得したのです。

即ち、私たち人間が他の哺乳動物と違うところは、この「感じる」というところだと思うのですが、その「五感」をこれほどまでに粗末に扱う時代がこれまでにあったでしょうか。

「五感」は視覚、聴覚、嗅覚、味覚、触覚で、それを感じる場所は、目、耳、鼻、舌、皮膚です。五つのうち、四つまでもが顔にあるということも、脳科学的に言うと多分、理屈が成り立つのでしょう。

この五感のうち、一番分り易いのが目による視覚だと思います。

それでは目で見て学ぶについて、②をお読みください。

②一粒の種から学ぶ

先ず、あさがおの種を一粒、用意してください。次いで堆肥の上に土を置いてください。指で土に穴を開けて、種を一粒落とします。そして土を軽く被せます。タップリの水をやります。種は水を吸って目を覚まします。二日くらい経つと、根が伸び始めます。

根については「仁」のところでも述べましたが、重要なことですのでもう一度読んでいただければ幸いです。（58ページ）

地上では、土が少しだけこんもりと盛り上がってきます。翌日は、その土が割れています。そのまた次の日は、なにやら緑色が見えます。そうです。種の中に畳まれていた葉が開き始め、皮を破って出てきたのです。

この葉を双葉といいます。双葉の付け根からは、新しい「本葉」が出てきます。本葉の数が増えてくると、茎の先が伸びて「つる」になります。こうして、花が咲き、凋んだ花のつけねがふくらんで実となります。この実の中に種ができているのです（『あさがお』荒井真紀文・絵より　紙面の都合上、かなり簡略いたしました）。

私たちは、特に小さい頃は、自分の世界だけで生きているといっても過言ではありません。そういう自分だけの世界に、自分以外のものに目が向く瞬間が、このような植物との出会いなのです。「相手のことを考える」ということの初めが、このような体験であり、こういう経験が積み重なって、相手が植物から動物そして人間へと成長するのではないかと考えます。

私は殻に覆われた生の胡桃《くるみ》をいただいた時、その中の一個を土に埋めてみました。金槌で叩いてもなかなか割れない胡桃が一体、どうなるんだろう？

みなさん、どうなったとお思いですか？　そうなんです。芽が出てきたのです。一体、どんな力が働いて、あの固い殻を破り、そして芽は、あの複雑な胡桃の実のどこから出てくるのだろう？　自然って、本当に不思議ですね。

こんな不思議な体験を経て、私たちは自然から多くのことを学び成長するのだと思います。

人間ではない植物の種を蒔いて、その種のために水をやり、蔓が巻き付きやすいように支えを置いたり、肥料を与えたりします。特に「朝顔」は幹ではなく「蔓」というところがニクイですね。私たちが支えを用意しないと上手く成長出来ないからです。つまり自分が相手に尽くすことで、沢山の美しい花を見ることが出来るのです。

小さい頃から、こういう体験をすることで、「相手のことを考える力」が身につくのではないでしょうか。

「チームで仕事が出来るようになるには？」「権利を主張し過ぎないためには？」など多くの問題点は、ただ一つ、相手のことを考えることで解決することだと考えます。

一粒の種を蒔いてみよう

七　努力する人間になるには？

子どもが何か出来て、喜び勇んで持ってきた時、あなたは、次の二つのうち、どちらで褒めていますか？

❶「ヤッタ〜。すごいね！」

❷「できたのね。よかったわね〜」

どちらも褒めていますし、そんなに違いはないようにみえますが、どちらで褒めたかで、時間が経つにつれて、とてつもなく大きな違いが生まれてしまうのです。

①これは、子ども自身を褒めています。

②こちらは、出来たことを褒めています。

なんでもないことで、❶で褒められ続けた子どもは、「自分は凄いんだ」と勘違いしてしまい、自分を認めてもらえないと、不満をもつかもしれません。

昨今、目にすることの多い「キレる」子ども、「キレる」大人。例えば自分の車を追い越した等という何でもないことに腹を立てて、あおり運転を行なう人。もしかしたら、こういう人々は小さい頃から、お母さんに、「すごいすごい」と言われ続けて大きくなったのかもしれません。

『モンテッソーリ流「自分でできる子」の育て方』（神成美輝著　日本実業出版社）では次のように解説しています。

「子どもが努力している過程をきちんと観察していないと、親はいきなり出来たように思えるため、『すごい！』という言葉が口をついて出てしまいます。しかし、子どもは、何度も失敗してようやく出来るようになったので、『ああ。やっと出来た』『これだけ練習したんだから、できて当たり前』『そんなにすごくはない』と思っていたりするのです。

子どもがうれしいのは、親に認めてもらうこと。ですから『そうだね。できたね』と言ってあげればいいのです。もしくは『よかったね』と共感すればいいでしょう」

また、「できたらご褒美」や「ほめ過ぎ」も考えものです。

ご褒美で釣らない

●八　話の要点がよく分かるように話せるには？●

私の会社の話です。新しいやり方を生徒・保護者に周知するためのチラシを作成した社員が、見て欲しいと言って持ってきました。見ると起承転結、話の筋は通っています。しかし、このチラシは結局、何を言いたいのか？　よくよく見ると、言いたいことは最後の最後、裏面の一番下にありました。

人に話をする時は、「結論から言う」という言葉は知っていると思うのですが、それが実際には活かされていなかったのです。

赤ちゃんが泣くのはミルクかオムツが濡れている時。お母さんはオムツを見て濡れていなければ、お腹が空いたのねと察してオッパイをあげる。

こういう一連の流れが身についているお母さんは子どもが小さい時、子どもが目で訴えると、お母さんはそれと察して、「ああ、ジュースがほしいのね」とすぐさまジュースを用意する。こんなことを続けていると、子どもは黙っていても自分の思い通りになると思い込んで大きくなっても仕方ありません。

生まれてすぐの赤ちゃんは泣くことしか出来ないので、察してあげることは必要です。しかし子どもは日々成長しているのです。子どもの成長に合わせて対応を変えることが、子どもの更なる成長につながるのです。

子どもが大きくなって片言でも話せるようになってきたら、察していても「何をしたいのか」「何をほしいのか」言葉で話をさせてください。

文章で話せるようになったら、

「お菓子」と言っても、「お菓子がどうしたの?」と聞き返す。

「お菓子をください」と子どもが言って、初めて
「お菓子がほしいのね」と念をおしてから、お菓子をあげてください。

こういう過程を経て初めて、話の要点がよく分かるように話せると考えます。

子どもの成長に合わせて対応を変える

九　他人に聞くことが出来るようになるには？

①自信を持たせる

ひと言聞いてくれていたら教えるんだったのに。そうすれば、こんな事態を引き起こすこともなかったはずだ、なんて話は、どこの会社にも転がっていると思います。「聞く」「尋ねる」はそういう意味で、難しいことなんですね。

小学校の頃、私は人見知りというか、言いたいことは胸のうちには山とあるのに、いざという時、ひと言も発することの出来ない子どもでした。母に連れられて知り合いの下駄屋さんに行った折は、ひと言も口をきかずに帰りました。また家で育てたスイトピーの花を学校に持って行った時、担任の先生から、「これは何という花なの？」と尋ねられ、先生は何でも知っている人だと考えていた私は、「エッ、先生がこの花の名前をご存知ないはずがない。それなのに、何で私にお尋ねになるの？」と気をまわしすぎて考えこんでしまい、これまた、だんまりを貫きました。

家に帰って、父にこのことを話すと、「なしてスイトピーですと言わんかったつか」（どうしてスイトピーですと言わなかったのか）と言われましたが、心のうちを説明することも出来ず、また黙ったままでした。こんなことを未だに覚えているということは、子ども心にも、「言いたかった」「言えばよかった」というようなもどかしさが残っているからかもしれません。今の私をよく見知っている人には、こんなことは信じられないでしょう。

自分の意見をはっきりと言えるようになったのは、この仕事を始めてから、自分が教えた生徒の成績がグングン上がっていき、彼が第一志望校に見事に合格した頃からだと思います。つまり、自分の仕事に自信を持った時、はっきりと自分の意見を言えたということだと思います。

私自身のことから分かることは、

・黙っている子どもには寄り添う。

・黙っているからといって、答えがわかっていないわけではない。

・小さな仕事をさせる時、先ず保護者がやってみせる。その時、間違っていても「間違ってる」と言ったり、簡単に教えたりしない。
・失敗しても、子どもが試行錯誤するのを、じっと見守る。子どもが頑張っているのに、保護者が助け舟を出すことで、子どもは「ああ、自分は出来ないんだ」と思ってしまう。つまり、自信を失くしてしまうことにつながる。
・子どもから「教えて」と言われるまで、教えるのを我慢する。「間違ってもいいから、やってみたら。どうしても分からなかったら聞いてね」と言ってあげるといいでしょう。（参考『モンテッソーリ流「自分でできる子」の育て方』神成美輝著　日本実業出版社より）

親の仕事は我慢すること

②ありのままの自分を知ってもらう

自信の無さとは別に、こんなことを聞いたら自分の沽券《こけん》に関わる、という場合もあります。普段から分かっていないのに分かったふりをしていると、肝心な時に知らないとは言えなくて、結果、トンデモナイことになる。一つ嘘をつくと、嘘を重ね続けなければなりません。

私は、頭の回転が速くないので、上手に嘘をつくことが出来ません。嘘をつかない、つまり、「常にありのままの自分」をさらけ出していることは、とても楽です。これは、小さい頃というより、大人になってから必要度が増してきます。

私が小さい子どもたちの授業をしていた時のこと。ある年、一人の子どもが入学してきました。そのうちクラス全員の親子がそのお家に招待されたと聞きました。その後だんだん教室の雰囲気が変わってきました。先ず子どもたちの洋服がドンドン綺麗になり、次にはお母さんたちの洋服も変わってきたのです。恐らくお母さん同士の張り合いのようなものが生まれていたのでしょう。

そして一番困ったことは、子どもたちが後ろを振り向くようになったことです。つまり、子どもが答えを言った時、その答えが正しいのかどうか、教室の後ろに座っている母親の確認をし始めたのです。多分、間違った答えを言った日は、「どうして間違うの」「あなたが間違えれば、お母さんは恥ずかしいでしょ。どうしてくれるのよ」というような会話が家庭でなされたのではないでしょうか。

子どもたちは親御さんのペットではありません。他人から「可愛いわね」と褒められるための、つまりお母さんの自尊心を満足させるための「モノ」ではないのです。子どもは両親の手で人間として成長していくのだと考えます。

子どもたちが行なうことは、どんな小さなことであっても、話すことも歩くことも勉強も、子どもたちにとってみればどれもみな「生まれて初めて」するものだから間違って当然なのです。もっとも、親御さんのために一流の中学校、高校、大学を受験させられている子どもたちが今も大勢いることもまた事実です。

つまり初めは間違ってはいけないということから始まり、自分を偽って装おうということは、もしかしたら大人が植えつけたのかもしれないということです。

子どもが間違った時、そんな時こそ親の出番です。

例えば子どもがオシッコを漏らした時、何故、子どもを叱るのでしょう？　その時のお母さんの声にならない声を再現してみると、「何度も教えたでしょ。それなのに何故、出来ないの？　私が忙しいのに、オシッコの後始末をしなければならないでしょ」つまり、「私は後始末をしたくない」が本音ではないでしょうか。

「オシッコをしたいときはお母さんに教えてね。今日は間に合わなかったのかな」

「ウン」「お漏らしすると、お尻も気持ち悪いよね」「ウン」「じゃあ、こんど、オシッコしたい時は、なんて言う？」「お母さん、オシッコしたい」

「そうね。それじゃあ、今度オシッコしたい時は、『お母さん、ぼくオシッコしたい』と言ってね」

失敗を責めないで、次の行動指針を示そう

第五章　業績アップに貢献できる人間に育てるには？

一　目標達成の意欲をもって仕事をするようになるには？

①豊かな時代の子どもたちの実態

「自社の社員には、もっと目標達成の意欲が欲しい」と考えている会社のトップが大勢いる。世の中にこういう意見があることは知っていましたし、現に私どもの会社にも有能だからもっといい仕事をして欲しいと推したところ、責任ある立場には立ちたくないと断られたことはあります。少子高齢化の時代、ＡＩの時代、外国人の受け入れを推進しようとしている時代に、こういう考え方が大手を振って歩いているいることは由々しき事態だと考えます。

小さな子どもたちに、こんな質問をしたことがあります。

「海にいる魚には、どんな魚がいますか？」

いきなり「マグロ」と一人が言うと、すかさず「トロ」が続きます。

「トロという名前の魚がいるの？」

「ウーン、ワカンナイ」すると、「トロって、マグロの一部分じゃないの」と助っ人が入ります。その後、「タイ」「ブリ」「アジ」「カツオ」「アラ」「ヒラメ」「カレイ」「カンパチ」「サヨリ」「イワシ」などが間髪を入れず出てきます。チョッと一息入れて、「イクラ」「アワビ」「ウニ」と来たところで、ああ、そうかと思いました。本当は「トロ」が出たところで気付くべきだったのでしょうが、子どもたちは海の魚が好きで、水族館に行ったり図鑑で調べたのではなく、回転寿司で両親と一緒に食べた寿司ネタを言っていたのです。

一昔前まで、こんな寿司は子どもの口に入るものではありませんでした。回転寿司が良い・悪いの問題ではありません。これが子どもたちの日常だということです。

そこで、子どもたちに聞いてみました。「みなさんが、食べたい、食べてみたいって思っているご馳走はな〜に？」

驚かないでください。

子どもたちは「食べたいと思っているご馳走はない」と言ったのです。食べたいと思っているご馳走がない。それほど食卓や外食は豊かだということでしょう。

食べるということは、人間が生きていく上で絶対的に必要なものです。食べることが出来なければ、私たちは死ぬしかないのですから。

食べることは人間が欲する第一の欲望です。「あれを食べたい」という思いを実現させるために、一所懸命に仕事をするといっても過言ではないでしょう。「ハングリー精神」という言葉があり、何かを強く求める時に使う言葉ですが、「hungry」はまさに空腹、飢えのことです。

それなのに、子どもたちは、「毎日がご馳走」で、食べたいものが見つからないと言うのです。こんな不幸なことがあるでしょうか?

これで、「なにくそ」という意識が生まれるはずもありません。

食べたいものがない子どもたち

②清節のすすめ

前項の解決策はいろいろあるとは思いますが、私が学習塾という仕事をする中で、多くの子どもたちと接して思うことは、「清節のすすめ」です。

「お腹イッパイ白飯を食べたい」とか「卵かけご飯を食べたい」とか、そういう思いを抱いて戦後を生きてきた方々の力で、今の日本の繁栄があるのだと思います。「卵かけご飯を食べたい」って何？　と思われた方も多いかもしれません。私が小さい頃はそもそも物資不足で卵は貴重品であり、病気で寝ている人へのお見舞いに持っていくか、お金持ちしか口に出来なかったのです。新聞紙を広げたところに、卵十個を真っ直ぐに並べてクルクル巻いて、病気お見舞いに持っていく。私も病気になりたいなぁと思ったものです。

『清貧の思想』を著した中野孝次が、『中国古典の読み方』にこう書いています。『論語』の「大宰、子貢に問いて曰く、夫子は聖者か、何ぞそれ多能なる。」から始まる章の解説に関連して書かれている部分ですが、孔子について氏は次のように論じています。

「この貧しくかつ賤しいという生れを恥じず、むしろそれあるがゆえに諸芸にも通じ、本格的に学問をしようという志を起こすことになったと肯定している。（略）どんな精神上の事柄にもまして、まず手の業ができなければならぬ。具体的な一つのことを正しく知り、行いうることは、抽象的なことを漠然と知るよりはるかに大事なことだと、孔子は言っているのだ。大きな知恵はそういう一つ一つの具体的な知の上に成り立つのだと。（中略）白川静氏の言うように『思想は富貴の身分から生まれるものではない』は、何千年変らぬ真実なのだ」

「貧しきが道に近し」ということでしょう。確かにその通りだとは思いますが、でも今の時代、貧しいことを求めるというのには抵抗があります。

そこで「清節」。「清節」とは、私が作った造語です。（他の意味での清節はあり）「清」は「清貧」からいただきました。「清貧」を広辞苑で引くと、「行いが清らかで私欲がなく、そのために貧しく暮らしていること」とありますが、「貧しい」にはいささかの抵抗を覚えるので、「清」の部分だけをいただきました。「清」は「行いが清らかで私欲がないこと」

「節」は「節約」の節です。「節約」とは「無駄を省いて、きりつめること」。また「節」には、「志を守ること」「ほどよくすること。控えめ」という意味もあります。

裕福な時代に生きるみなさんに、今の生活を変えるようにお願いするのは無理な話かもしれませんが、問題は、これから育つ子どもたちです。

少なくとも、懐が豊かであったとしても、「食べたいものがない」と言わせないような、「あれが食べたい、食べられるようになるために頑張ろう」と思わせるような「清節」な生活をお願いしたいのですが、無理でしょうか。

粗食のすすめ

私自身は店でいただく料理の塩分が濃過ぎて食べられないことが多いので外食はあまりせず、殆ど一汁二菜。これで充分健康です。

二　やる気をもって、最後まで頑張るようになるには？

私が「モンテッソーリ教育」を学習してなるほどと思い、小さな子どもを育てている社員に尋ねたことが、これでした。「子どもがある遊びに夢中になっている時、そういえば、お祖父ちゃんからいただいた別のオモチャがあると思い出し、『そろそろこのオモチャは止めにして、こっちのオモチャで遊ばない？』と言ったことがある？」そうすると、「そういうことは多いです」という答えが返ってきたのです。

みなさんの家ではいかがでしょうか？

子どもが集中して、ある仕事・遊びをしている時に、単純にオモチャがいっぱいあるから、他のオモチャで遊ぶのも良いんじゃないのと思ったり、出かける時間が迫っているとか、理由は色々でしょうが、途中で親が止めることは、子どもの成長にとって、これほど勿体ないことはないのです。

では「どんな条件があるときに集中するのか？」それは「子どもは自分から自由

に選んだときだけ」つまり、「自由に選ぶ　↓繰り返す　↓集中する　↓充実感や達成感をもって終わる（略）一連の活動の周期を踏みしめると、子どもは安定し、友達に寛容になり、素直になり、自分をコントロールする力が出てきます。また自信や自己価値観が生まれ、道徳性が芽生え、自立の程度を増します。」（『幼児期には2度チャンスがある』　相良敦子・著　講談社より）

実はこれについて『やってはいけない脳の習慣』（川島隆太監修　横田晋務著　青春出版社）において、数多くの実験データの分析結果から次のように導いています。やる気スイッチはどこにある？のところで、そのポイントは「自分で選択し、決定した感覚を得る機会を与えること」と書いてあり、科学的にも証明されているのです。

気に入った遊びは、子どもが満足するまでさせる

三　競争意識を高めるには？

①学校の現状

これからの日本を背負って立つべき若者たちの、頑張る気持ちが薄いというのは重大事だと思うのですが、これはなかなかの難問です。

というのは、もちろん学校には素晴らしいところも沢山ありますが、この項目に関して気になる点を言えば、「教育基本法」のどこに類するのか判らないのですが、今の日本の教育は、みんな平等に、みんな同じにという方針に沿っているように見えるからです。そして、これが競争意欲を削いでいる原因の一つではないかと思うのです。例えばかなり昔になりますが、運動会で手をつないで、みんな一緒にゴールするなんてこともありました。

また、第二章　三ー③で、キリーロバ・ナージャさんのブログから、「日本には飛び級がない。小学校で留年がない。・・・日本での飛び級は皆無ではないが特例。飛び級も留年も、諸外国では個人の能力に応じて学び方を変えることは普通に行なわれている」という項目をご紹介しました。特に大学については海外の大学を目指すという風に、頭脳の海外流出が起きていることについては危惧しています。

競争意識が育たない環境は他にもあります。今、中学生がおかれている状況についてお話しします。私が住んでいる鹿児島県では、公立高校の入試倍率が全県平均で0・89（二〇一九年春）と0・9を割り込み、二〇二一年の三月は、0・81となりました。

鹿児島市内はまだ競争率を維持していますが、鹿児島市外で競争率が1を超えている高校は、多い年で二校、例年は一校という状態で、余程のことがない限り勉強しなくても合格出来るので、市外の多くの子どもたちの勉強意欲や競争意欲を心配しています。

そこで私は、次のように考えています。

「入試倍率が1を割り込まないように、一クラス定員を一律四十名定員ではなく、他県でも行なっているように地域の生徒数に応じて、三十人とか二十五人というような定員にお願いしたい。これについては文部科学省に問い合わせをした折、『四十名が望ましいが、それを下回っても構わない』と返事をいただいている。クラス数を減らすのではなく一クラスの定員を減らすのだから、教職員を減らすことなく生徒の勉強に対する意欲も競争心も養えるのではないか。その結果、学力も向上すると考える」

この考えは、多くの方の賛同もいただき、毎年この旨を鹿児島県の教育委員会にお願いしていますが、一度決めたことは守り通す県庁の石造りの壁に弾き飛ばされています。

日本の子どもたちをどんな人間に育てたいのか、国や県の施策からは分かりません。現状では、競争力を学校教育に求めるのは難しいと思います。

因みに、全国で競争率が1を割り込んでいる県は、例年二十県くらいあります。

学校にお任せでは、競争意識は育たない

②昨日の自分に今日は勝つ

兄弟姉妹の数も少ない。国には頼れない。世の中の風潮は「ナンバーワンにならなくてもいい。もともと特別なオンリーワン」。ともかく競争はしないのが持てはやされているのが今の日本です。そこで、「昨日の自分に今日は勝つ」はいかがでしょうか。

私は、子どもたちの漢字力はとても大事だと考えています。漢字の学習については、同じ漢字を十回書くとか、一日に何ページは練習をしなければならないというような練習法が多いのですが、この勉強法は目的も効果もはっきりしません。

私に今小さな子どもがいるとすれば、こんな風にしたいと思います。

❶一冊の、子どもには少し難しいと思われる本を子どもに読んでもらいます。

❷難しいから当然、読めない漢字も出てきます。でも前後関係から子どもたちは読むことが出来ます。これは私が行った授業で実証済みであり、子どもたちの秘めた力を信じてください。

❸一区切りついたら、「この漢字、よく読めたね」「じゃあ、この漢字、書いてみる？」お母さんが前もって漢和辞典で勉強しておけば最高です。

例えば「思」を練習するとき、

「〝思う〟の上の方の〝田〟は、初めは頭の脳のことをあらわしていたみたい」

「フーン。田んぼじゃないんだね」

「そうね。下の〝心〟は心臓の形なんだって。昔の人は、心臓と脳が、思ったり、考えたりする場所だと考えたのね」

「だから、この字は『おもう』って読むんだね」

「それじゃあ、書いてみる？」

「上が脳で、下が心臓なんだね。ほら、出来た。これでいい？」

これなら三回も書けば、バッチリ覚えるのではないでしょうか。そのうち、自分で漢和辞典を引くようになるでしょう。

昨日まで読めなかった漢字を、読んで書く

四　責任感を持たせるには？

先程も触れましたが、責任感を持たせるには、単発のお手伝いではなく、毎日、決まった仕事をさせることがポイントです。加えて、その仕事が欠けると家族みんながとても困るというような仕事であることが重要です。その仕事を実行し、家族が喜んでくれることにより、自分は家族の一員だという自覚を持てるからです。

一歳くらいから三歳くらいまでは、第四章一－②を参照してください。

それでは四歳くらいから小学校へ上がるくらいには、どんな仕事があるでしょうか。保護者の中には幼稚園で教えてくれるからと、本当の意味での躾をしないケースが少なくないと聞きますが、これでは子どもが可哀そうです。

無いと困る仕事、例えば「自分のベッドメーキング」「食卓に箸や茶碗・皿などを置く」「妹や弟のオシメ換え」「玄関の床掃除」「リビング掃除」。それでは、先にご紹介した『幼児期には2度チャンスがある』から実例を拾ってみましょう。

・とりこんでおいた洗濯物を、きれいにたたんで片づけておいてくれた。

・朝起きて、服を着替え、パジャマをきれいにたたむ。
・パンが焼ける間にバターやお皿を用意し、チーズやジャムなどを出し、牛乳をコップに入れて、みんなを「ごはんだよ！」と呼んでくれる。
・ハンカチは一人できれいにたたんでポケットに入れ、名札など安全ピンのものも一人でつける。

小さい頃から仕事をさせていると、ここまで出来るんですね。

私がビックリしたのは、ただ単に仕事が出来るだけではなく、相手の立場に立った気遣いが出来ているということです。こんな子どもが大人になり、幸せな人生を送ると思うと、嬉しくなります。

決まった仕事をすると、家族の一員だと実感できる

五　仕事の優先順位をつけられるようにするには？

仕事の優先順位。これは仕事をする上で、判断力、決断力と併せて極めて重要だと思います。例えば私が代表取締役社長という職に就いていた時の仕事の殆どは、会社の将来の方向性を除けば、後は判断と決断だと言っても過言ではありません。優先順位はその中に入ってくるという感じでしょうか。

仕事が出来ない人の仕事ぶりを見ていると、やるべき仕事の目的をはっきりさせていないから、「なんで今、その仕事をするの？」となっているようです。

「仕事の目的を考える」については、いつも話していますが、徹底することはなかなかです。それはどうしてでしょうか？

それは、「やれ」と言われた仕事を、ただ、し続けてきたからではないでしょうか。仕事の目的に限って言えば、仕事を任せた側が、その仕事の目的を丁寧に説明することを続けていけば、そのうち、自分で考えるようになるのではと思います。

大人になって仕事を任せられるようになった時に、いい仕事が出来るようになっているといいですね。

仕事の目的を考えることが出来ないのは、小さい頃から、そんなことを考えてもみなかった。つまり周りの大人が、手取り足取りして、子どもが楽なように楽なように育てた結果かもしれません。

仕事の目的を考えるようになるには？

例えば、子どもに買い物を頼んでみましょう。買うものは、大根、ニンジン、サトイモ、油揚げ、こんにゃくの五品。子どもは喜び勇んで買い物に出かけます。そして、帰ってきました。買ってきたものは大根、ニンジン、油揚げの三品。

子どもはまた、買い物に出かけなければなりません。こういうことが何回か続けば、子どもなりに考えます。買い物の目的は、頼まれた品を全部買ってくること。だから次は、紙に書いてから出かけようなどと思いつくに違いありません。沢山の経験を積むことで、成長するものだと思います。

仕事の目的をはっきり示そう

六　問題解決能力を身につけるには？

会社でも家庭でも、無残にも枯れた植物の姿そのままに打ち捨てられた鉢やプランターを目にすることは少なくありません。多分、花の鉢植えをいただいたのだけれど忘れていたとか、出張で家を空けていたとか、やむを得ない事情で水を遣らなかった結果です。

あなたの家で、子どもさんと一緒に朝顔の種を蒔きました。水遣りは子どもの係と決めていました。芽が出て、蔓が伸びて、これからという時、朝顔は哀れにも枯れてしまいました。さあ、あなたはどうしますか？

大事なことは色んなことから学べますが、私が自然や植物にこだわるのは、「命」を真正面から学べるからです。例えば、晩ご飯のアジフライの鯵も、二・三日前か一年前かは分かりませんが、海で元気に泳いでいたのです。アジフライの向こう側にあるキャベツの千切り。このキャベツも畑にそのまま育っていたら、花を咲かせ、沢山の子孫を残すことが出来たはずです。そう思って食卓を見渡せば、ご飯の米粒しかり。味噌汁の味噌も具の豆腐も元々は大豆でした。若布《わかめ》も海で波に乗って踊っていたことでしょう。

私たちは、ご飯をいただく時に、「いただきます」と挨拶をしてからいただきますが、これは、これらの多くの「命」を、感謝の気持ちを込めて、「命を頂戴いたします」との思いを込めて「いただきます」と言っているのです。


そう思って、枯れた朝顔を見てください。あなたの家に来なかったら、多くの種を残せたかもしれないのです。でも、済んだことは仕方ありません。

「私たちは喉が渇いた時には水を飲むでしょ。この朝顔さんもやっぱりお日さまに毎日当たっていると喉が渇くのね。その時、水をやらなかったから、死んでしまったの。申し訳ないことをしてしまったわね。この次からはどうする?」

子どもは、小さいなりに、必死に考えるでしょう。

「毎朝六時半に起きて、起きたらすぐ朝顔さんを見に行って、土が乾いていたら水をやる」と言うのではないでしょうか。

最後に、私の失敗談を聞いてください。

それは、朝顔の蔓を伸ばすのではなく、たくさん蒔いた種の中から一番元気な株を選び、その芯を切り、こんもりとした株仕立てに挑戦していた時のことです。幹は太く丈夫に育ち、枝も繁り、蕾もちらほら見えてきた頃です。見事な花を沢山咲かせたいと思って肥料を沢山遣ったのです。翌日、朝顔はものの見事に枯れていました。必要な時期、必要な量がある、そしてそれは私たち人間にも当てはまる。

そういうことを学んだ出来事でした。

失敗を糧に、自分で考えさせる

第六章　今、子どもの成績をアップさせるには？

● 一 小学校低学年こそ、親御さんのサポートが必要 ●

私が子どもたちの将来についてお話しすると、必ず言われるのが、「将来が大事なのは分かっている。けれども私が心配なのは、今、うちの子どもの成績を上げたいの。そのためにはどうすればいいの？」。確かに目の前のことですから、今、一番気にかかることでしょう。そこで、簡単にお話しいたします。

小学校低学年・中学年で教わる内容は易しいことだから、放っておいても大丈夫と思っている保護者のなんと多いことでしょう。でも、子どもたちが小学校低学年で教わること、それは大人から見れば易しいことであっても、子どもたちにすれば、生まれて初めてのことなのです。おまけに基礎基本は反復練習が必要なのです。

勉強する時、欠かせないのが鉛筆ですが、その前にご飯を食べるようになったら教えてほしいこと、それは「正しい箸の持ち方」です。

そして小学校に入学する前に教えてほしいのが「正しい鉛筆の握り方」です。

箸を正しく持ち、下の方の箸をゆっくり抜くと、正しい鉛筆の握り方になります。

これがきちんと出来ていないと、美しい字は書けないのです。

スマホやゲームなどの影響で、子どもたちに与えられる「一日二十四時間」は以前とは比べ物にならないくらい短くなっているだけでなく、勉強しようとしても、脳が勉強する脳に切り替わるのに時間がかかっているようです。こういう状態で、子どもたちに教材を与えさえすれば、黙って勉強するということはなかなか難しいのです。

ですから、子どもたちに学問の基礎基本をしっかりと身につけさせたいとお考えなら、勉強するお子さんの傍にいて、勉強に目を光らせるのではなく、優しい目で見守ってください。本や新聞を読んでいても料理をしながらでもいいのです。「あなたを見ていますよ」と子どもに伝わればいいのです。そして、子どもが分からないと言った時に、何らかの解決方法を見出すというようなサポートをしてください。

そして、勉強は楽しいものだと子どもたちが思えるようにお願いします。

基礎基本をしっかり身につけさせて

二　小学校低学年　――学校の教科書を知る

おまけに、ここがとても重要なことなのですが、今、子どもたちが使っている小学校の教科書は私が見ても、よく分からない書き方がされています。

教科書会社は数社あり、どの教科書を採用するかを決めるのは市町村です。

それではある教科書会社の小学一年生の「さんすう」の教科書を見てみましょう。

13－8の　けいさんの　しかたを　おはなししましょう。

①3－8は　できない。

②13を　10と　3に　わける。

③10から　8を　ひいて□。

④□と　□を　たして□。

この□に、数字を入れなさい　ということです。

この問題の下に練習問題が九問ついています。そして一ページめくった先には、前ページと同じような問題を二人の子どもが解いているのですが、ナント！一人は前ページと同じ解き方、もう一人は別の解き方をしており、二人の考えが似ているところ、違うところはどこですか？と書いてあるではありませんか。

「13－8＝」の計算練習を習ったばかりで練習問題も大してしていない小学1年生に、別の解き方を提示して違いを考えろとは。これでは子どもたちを混乱させるだけではないかと思います。

小学一年生は、先ずは足し算・引き算の計算問題を間違えることなく出来ることが重要だと考えます。

この教科書を使っている子どものお母さんにお聞きしたところ、この教科書の他に、学校が指定した計算の練習問題集はないとのことでした。

また学校の教室には①から④の文章が、教室の壁に貼ってあったり、①から④の文章の□を埋める宿題も出るということです。

また私が答えを出せなかった問題も、小学一年生の教科書に載っています。

クレヨンが　23本　あります。

6本　もらうと、ぜんぶで　何本に　なりますか。

「クレヨンが23本あります。」と書いてあります。「私はクレヨンを23本持っています」ではなく、「あります」なので、どこか机の上にでもあるのかなと思います。次に「6本もらうと」とは、私がこの中から6本もらうのか、それとも、そばに友達がいて、その友達から6本もらうのか判りません。

つまり文章を読んだだけでは引き算の練習問題なのか、足し算の練習問題なのか判らないのですが、すぐ近くにある練習問題を見ると、どうやら足し算のようです。小学生の私だったら、足し算か引き算かが判らないので白紙で提出すると思うのです。これでは、「さんすう嫌い」の子どもが現われても、おかしくありません。

この文章は、これが文部科学省の認定を受けた教科書なのかと首を傾げたくなります。文章が長くなると負担に感じるからという配慮だったのかもしれませんが、そんなことをするから、教科書も読めない、テストの問題も読めない中学生が生まれるのではないでしょうか。教科書は正しい日本語で書いてほしいと考えます。

また小学二年生の二学期には、九九を教わります。教わりますが、縦と横それぞれに1から9を配した「九九の表」が見当たらない教科書があるのです。そんなはずはないと教科書を丹念に調べると、折り返しの中にまるで隠すようにおさまっていたり、表はあるけれど空白の欄に書き込むようになっていたり、その目的が判然としないのです。これで九九を完全に覚えることなく小学校の学年を上がって行くとするならば、掛け算、割り算に始まる小学校の算数はかなりの部分を理解出来ないまま小学校を卒業し、中学校へ進学することになるのです。

どうして、こんな教科書が生まれたのか？　それは、OECDのテストにおける日本の生徒の成績結果に起因していると思われます。OECDのテストは二〇〇〇年に始まって三年に一度、行われます。見極める能力は、「読解力」「数学的リテラシー」「科学的リテラシー」の一つをメインテーマとして調査します。

初めの頃、日本は一位とか二位だったのですが、だんだん順位が下がってきました。それで、思考力、応用力、表現力などを強化しないといけないということで、それ自体は正しい方向だと思うのですが、「思考力」を重視した結果、小学一年生の教科書から入れ込んでしまったようです。「考える力」は本来、基本がしっかり身についてから指導すべきものだと考えます。

ですから家庭でしっかり勉強をみてくださるか、もしくは学習塾に預けてくださっていれば安心ですが、学校任せの場合は、中学校に行ってから人生に関わる事態が生じないとも限りません。

今の学校は、学科を勉強するところです。小学校、中学校という義務教育という一日の大半を勉強して過ごす場所で、その勉強がさっぱり分からない、ついていけない、果ては勉強が出来ないと言われ続けて何年も過ごす子どもたちはナント辛抱強い子どもたちでしょう。そんな素晴らしい能力を持った子どもたちが充実した人生を送れるようにするのは、私たち大人の責任ではないでしょうか。

子どもの将来は、親御さんの手にかかっています

● 三　小学校高学年 ●

今、日本では思考力、読解力、表現力が重要視されています。試験を変えれば中身が変わるからと、大学入試改革の真っ最中ですが、方法論としては間違っていないと思います。ただ、今見てきたように小学校の教科書は「思考力」を反映させたつもりかもしれませんが、「基本」をないがしろにしていると考えます。

実は私は、アメリカの英語の教科書を持っています。日本でいえば小学一年生から中学生の国語の教科書でしょうか。もちろんおびただしい教科書会社の中の一種類です。たまたま手に入れた一種類ですが、ページを開いてビックリ仰天。高学年では日本でいえば高校生の教科書ではないかと見紛うほどなのです。この教科書の違いが、先々大きな差になって表面化してこなければいいがと危惧しています。

私が学習塾に身をおく者として心配していることは、小学校時代に身についていているはずの基礎基本が備わっていない中学生が多いことです。そこでお願いです。

例１　小学校の算数は、中学校の数学に次のように引き継がれます。
（紙面の都合上、ごく簡単に記しています）

	小1・2	小3	小4	小5	小6
数量の知識	数の大小 倍の数など	10倍 100倍 1/10など	およその数 十進法の 概念など	割合 倍数・約数 小数倍	比 分数倍 文字式の 計算
計算	足し算 引き算 九九	割り算 かけ算の 筆算	割り算の 筆算 小数÷整数 など	小数の乗除 異分母の 加減など	分数の乗除 分数小数 整数の四則 計算
空間　図形	箱の形 面、辺、頂点	球の概念 性質	立方体と 直方体 見取り図 展開図など	立方体と 直方体の 体積・容積 円柱・角柱	円柱・角柱 の体積

	中1	中2	中3
数量の知識	文字式 文字式の 計算	式の計算 文字式の利用　確率	展開　因数分解 平方根の計算 素因数分解
計算	一次方程式	連立方程式	二次方程式
空間　図形	多角形 体積と表面積 投影図	――――→	空間図形と 三平方の定理

小学校時代は、丁寧にサポートしてください。

前ページの表でもお分かりの通り、小学校高学年は子どもたちが苦手意識を持つ単元が目白押しです。そしてそれは、中学校では更に展開していきますので、小学校高学年もしっかりサポートをお願いします。

また、私たちが学生時代には、最も点数が取りやすい教科は社会科だと言われていました。しかし昨今、一番苦手な教科は社会科という生徒が多いのです。つまり、それだけ社会からかけ離れた生活をしているということでしょう。子どもたちの生活の中に、社会との接点を多くしてください。

ネックになる単元を特に大事に

四　漢字の勉強について

私が小学校時代、気持ちの「気」という字は、初めは「氣」と教わりました。「氣」は、米を炊く時に立ち上る湯気の意を表すと習いましたが、何年かして、「気」となりました。「メ」ってなんだろう?と思ったものです。

今、「くさい」という字を辞書で引くと、「臭い」と出てきますが、私の時代には、上は「自」で、下は、「大」ではなく「犬」と教わったものです。

私たちは、「私はね」と言って自分をさす時、自分の鼻を指差して言います。つまり「自」は、顔の真ん中にある鼻の形を書いた文字なのです。この「自」と「犬」を合わせて、犬がにおいをかぎわける意味を表しているのです。漢字を作った大昔の人は、犬の嗅覚が優れていることを知っていたのですね。そんな意味を知れば、難しい漢字も一発で覚えられそうですよね。

ここでオカシイことにお気づきでしょう。「臭い」と「嗅ぐ」は元々同じ系統のはずなのに、一方は「大」、一方は「犬」。

このように、漢字はもともと意味を持っていたのです。これだと「漢字って面白いね」となりますが、国の方針で、訳の分からない簡略化で、漢字は意味の無い、面白くもなんともないものになり、漢字の習得は我慢しなければならないものとなりました。

今、中国の漢字は、簡略化も甚だしいものになってしまっています。「漢字の国」の漢字が無くなったわけですが、そもそも「文化」というものは、文字によって支えられてきたものだと思います。その文字が無くなってしまった中国では、どのようにして自国の文化を後世に伝えようとしているのでしょうか。

日本において、これ以上の簡略化はすべきではないと考えます。

漢字の練習方法として、一つの漢字を十回ずつ書くというのが定番になっていますが、私の経験では、例えば「国」という漢字の練習では、「国構え」ならぬ大きな四角を一筆書きで十個連続して書き、その後「四角」の中に、「玉」を十個、これも連続して書いていって、「国」を十回書いた、としている子どもたちを数多く見ています。後でノート点検をした時は、「十回もよく頑張ったね」となるのでしょう。

こんなことにならないためにも、親御さんがお子さんに漢字を教える場合は、「漢和辞典」をそばに置いて、元々の意味を調べてみてください。そしてお子さんが知りたければ教えてもいいと思いますが、先ずは親御さんが知って、「漢字って面白いなあ」と思った瞬間に、その気持ちはお子さんに伝わり、漢字に関心を抱いて漢字の練習が進むのではないかと思います。

漢字は、漢和辞典をそばに置いて、親御さんと一緒に

五　部活について

私が小学生の頃テストで出来ないと、残されて先生と勉強した記憶があります。英語もプログラミングも部活もない、ゆったりとした時間が流れていた時代です。以前、重大なあるいは悲惨な事件のあった学校を訪ね歩いた方の文章を読んだことがあります。うろ覚えではありますが、記憶に残っているのは、「そういう学校では、どの学校も、花が一輪も咲いていなかった。プランターが置いてあったけれど、どの植物も枯れていた」という部分です。多分、学校の先生方は忙し過ぎたのだと思います。その忙しい原因の一つが部活ではないかと思います。

中学校に入学した時、ほぼ強制的に全員が部活に入らなければならない中学校は未だに存在します。その原因をたどると、「一九七〇年代後半から八〇年代後半、（略）中学校や高校での校内暴力が社会問題になり学校が荒れ始めたことで、部活は教師が生徒を管理したり、非行を防止するための生徒指導のための道具になったのだ」また当時人気のあったテレビドラマの影響も大きく、「部活を頑張っていれば不良

にならないで済むという部活信仰に結びついた」(『部活があぶない』より)
少子化が進み、地方では学校統合が進んでいる今の時代、四十〜五十年前の置き土産からもうそろそろ卒業してもいいのではないでしょうか。
外国では、日本の部活に当たるいわゆる体育系、文化系のお稽古事は、学校以外の施設に各自で習いに行くそうです。加えて日本の部活には、日本独特の「全国大会」というシステムがあります。
ラグビー指導者のエディー・ジョーンズ氏への取材
「オーストラリアの子どもは、大人に〝絶対勝て〟だなんて言われたことがないと思う。エディーによると、豪州の中高生は学校の部活と外部のクラブスポーツで半々に分かれるという。組織が二分化されていることもあり、どの競技にもどの年齢のカテゴリーにも全国大会はない。それゆえ、日本の部活がハードになり過ぎる大きな要因に全国大会を挙げる。」(『部活があぶない』島沢優子著　講談社現代新書より)
先生方はただでさえ忙しいのに経験があろうが無かろうが、部活のコーチまで任されて夜遅くまで練習に付き合い、一番大事な授業の準備の時間が部活に割かれる事態となっているようです。

加えて保護者が子どものサッカーの上達を望むのなら、先生に長時間の練習を求めるのではなく、地域のサッカーチームに入れて、技を磨かせるべきだと考えます。

またスポーツ推薦も悩ましい問題です。「学校側も運動部が結果を出せば、大学の推薦枠が取れ、進学実績が上がる」（『脱ブラック部活』中小路　徹著　洋泉社より）

一方、生徒・保護者も「高校にスポーツ推薦で入れれば、大学進学も推薦になる可能性が広がる」（『部活があぶない』より）と考える。

先頃、先生の働き方改革の一環として、部活について一つの目安が発表されましたが、まだまだ改革の余地はあると思います。

ゆとりある学校になればいいなあ

先生にゆとりが生まれ、生徒と一緒に花を植えたり、出来ない子どもがいたら放課後に先生が面倒を見てくださるような学校になったらいいなと思います。

第七章　人は良き師に出会えば、必ず成長する

私どもの会社には、「人は良き師に出会えば、必ず成長する」という指標があります。この指標は学習塾だけでなく、どなたにも、どこの家庭でも、どこの会社でも通用することだと思いますので、どうしてこの指標が生まれたかについて書いてみます。「信じて待つ」という教育のお手本を見ることが出来るという意味でも、かなり私的ではありますが、こういう親もいた、恩師がいらっしゃったということを知っていただくことも無駄ではないと考えるからです。

一　家庭の教育方針

二〇〇七年に亡くなった「株式会社　昴」の創業者である西村佳夫は、青森県八戸市の出身で、八人姉弟の長男です。株式会社　昴のこの考え方は、西村佳夫を形作った家庭とその両親、加えて恩師抜きには考えられません。

西村の両親は二人とも小学校の教師でした。筋を通して上司に逆らった西村の父・西村育三は左遷され、山深い小学校に赴任したと聞いています。そこでの生活が、西村の生涯変わらぬ生き方を形作ったというのは、人生の機微を感じます。

西村育三の言葉…「良いと言われているものには、時間と金をかけても触れてみるべきだ。初めは良さが分からなくても、何度も触れているうちに、だんだん分かるようになる」

西村の母・西村キクは我慢強くまた寡黙な人で決して愚痴をこぼさなかった。四十の手習いという言葉がありますが、五十にして仕事帰りに料理学校に通って、長女が経営するスーパーの女性店員に教え、六十の手習いの書道は自宅近くの子どもたちに教えていました。本当に努力の人でした。今、自宅にはキクさんの書いた掛け軸があります。

父育三の教えは、西村佳夫の心に深く残ったようで、自分が関心を持ったものについては、一流のものを追い求めました。焼き物、写真、カメラ、エビネ蘭、椿などなど。お金がないのに金をかける。家計のことなどお構い無しです。

高校時代、釣具屋さんで親に断りもなく高価な釣竿、釣具をツケで買う。両親はその支払いに大変な思いをしたということです。

「モノ」で言うならば、一流といわれる商品は確かに高い。高いけれども、高いだけのことはある。それを高校生の頃から身を以て知っていたということは、こんな有り難いことはありません。ただ、西村の凄いところは、モノだけでなく、それらを使ってすることはいずれも一流のレベルまで達していたというところです。

勉強は学年最下位レベル、おまけに自分のやりたいことは親の懐事情も考えず好き勝手にやる。それが三日や一週間だけではなく、小学生時代から二十年以上も静かに見守り続けることができたのは、西村の隠れた能力を見出したのかもしれないとはいえ、東北人特有の辛抱強さだけで語れるものではなく、確固たる教育方針あればこそだと考えます。

西村佳夫は、株式会社　昴の社員に「一流のものに触れよ」と言い続け、それを今、私が受け継いでいます。

教育方針を持とう

●二　育った環境●

東北の山は、冬は雪が深く春の訪れを今日か明日かと待ち焦がれる、そんな感性豊かな人間を育むのには最適な環境だったことでしょう。

春、夏、秋、冬、季節に応じて様々な果物が実り、茸《きのこ》が育ち、谷を流れる川には一緒に遊びませんかというように魚が飛び跳ね、子どもの心を掴んで離さないものに溢れていました。

そういう自然の中で、西村が山を学校より面白いと思ったのも無理からぬことだと思います。一応、小学校には行くものの、すぐ抜け出して一日中、山の中を探検しては、春にはワラビ、ゼンマイ、ミズ、フキ、タラの芽、秋にはシメジ、ハツタケなどの茸を、はたまた川の魚を乏しい家計に、山の幸を山のように抱えて帰る。

当然、同僚の先生の知らせを受けた両親から、夜にはガッチリとお叱りを受け、その都度、担任の先生宅へお詫びにいく。だからといって、大人しくしている訳もなく、〝野生児〟ともいうべき小学生時代を過ごしています。

こういう自然の中にあるものを見つけ出す能力は、この小学校時代に培われていたものとみえ、八戸高校時代ともなると、海での素潜りはプロの漁師と見間違われるほどの腕前で、粗末な水中眼鏡をつけ腰には網、手にはアワビを引き剥がすための鉤《かぎ》を持って潜ると、何分か後には、網イッパイのウニやアワビを持って浮き上がってきたということです。

理屈ではなく研ぎ澄まされた感覚は、後年、仕事に活かされたと思います。

このような子ども時代には賛否両論あるとは思いますが、私は望んでも叶うことのない素晴らしい環境だと思います。しかし、おいそれと誰もが出来るわけではありませんが、各自がおかれた場所で、子どもをよく観察し、子どもの特性を見出し、子どもがより良く生きていくために辛抱強く見守ることが大事なことだと考えます。

子どもをよく観て、最後は辛抱強く見守る

三　一心に歩いていれば、必ず道は拓ける

今は紛失してしまい、もう見ることは出来ませんが、西村が高校卒業後何年か経ってから撮った白黒写真がありました。そこに写されていたのは、原野をひっそりと歩く一匹の野良犬の後姿。それは、当時の西村自身の姿だったのだと分かります。

小学校教師だった両親から、無理やり教えられたお蔭で、基礎学力だけはしっかりと身についていました。中学校での学業成績は最低レベルでしたが、ギリギリのところで頑張り、青森県立の進学校、八戸高等学校に合格しました。しかし入学後も性格や行いが変わるはずもなく、勉強とはおよそ関係がないことの連続で、寒ければ机・椅子を叩き割ってストーブに焼《く》べるなどは朝飯前、部活での四国の石鎚山登山は印象深かったとみえ、よく話をしていました。

高校をサボっては海に潜り、家では伝書鳩を飼い、喧嘩鶏では喧嘩に強い軍鶏《しゃも》をかけ合わせて県下NO．1の軍鶏をつくり出し、とても強い喧嘩鶏だったので、あ

ちこちの大人から戦いを挑まれては連戦連勝だったようです。自分の部屋の中に半畳ほどの広さの鶏小屋を置き、自分でかけ合わせた鶏は大切に飼育し可愛がっていました。東北の冬は寒い。寒い日は抱いて炬燵《こたつ》に入れてやったり、鶏は闘った後、鶏冠《とさか》や顔、首などが傷だらけになるので、傷口にペニシリンなどの軟膏を塗り、時にはビタミン剤などの注射も打ったといいます。

そのため当然のことながら学業成績はいつも学年全体の後ろから一～二番、両親が心配して「アルビオン」という英語塾に通ったようですが、基礎力の乏しさから、はかばかしい向上は望めなかったのは当然だったでしょう。

後日、西村が学習塾を経営していると聞いた同級生は、皆一様に耳を疑い、信じなかったと聞いています。

高校卒業後、相変わらずの西村が凝ったのが写真でした。そして件の写真を撮ったのです。その後、大きな心境の変化を経て、大学進学を志して仙台の予備校に通ったのです。

高校3年間、ほとんど勉強らしい勉強をしてこなかったわけですから、仙台の予備校での勉強は血の滲むような勉強だったに違いありません。この時に出会った英語と数学の先生――確か受験勉強の本も執筆なさり、全国的に有名な方だったと記憶します――と、前述の「アルビオン」の先生は、成績が悪いなりに感ずるところがあったようで、西村が学習塾で教える際に事あるごとに口にしていました。

八戸といえば、魚の街。当時は日本一の漁港でした。魚について学んで、世の中のお役に立つ仕事をしたいとの思いで受験したのが東京水産大学と鹿児島大学の水産学部でした。本人は、東京水産大学に合格したと思っていたそうですが、ナント不合格。仕方なく鹿児島へやってきたというわけです。もしも、西村が東京水産大学に合格していたら、「株式会社　昴」という会社は存在しなかったでしょう。

一方、私は短大卒業前に西村との結婚を父に猛反対され、当時広島市にいた姉夫婦の監督下に置かれました。職安で紹介されたのが広島大学卒業生で作った学習塾でした。後日、学習塾に思い至った遠因になったと思われます。広島に迎えに来た西村と着の身着のままで鹿児島行きの汽車に乗りました。西鹿児島駅には私の家族が毎日、出張っていると連絡があり、途中下車してバスで鹿児島市へ向かいました。

若気の至りとはいえ、家族には本当に心配をかけました。

毎日食べるものにも事欠く有様でしたが、そんな中、西村の苦学生の学友たちが「家庭」にはご飯があると考えたようで、毎日のようにご飯を食べにくるので、私はお金を得るために就職しようと、かなりの数の就職試験を受けましたが、なかなか合格出来ませんでした。ここが最後と決めて受けた鹿児島市にあるK予備校も不合格。そこで自分たち夫婦を含む多くの苦学生を自立させようと考え、彼らの持てる力を発揮できる仕事は何かと考えた結果が学習塾でした。今の大学生と違い、当時の大学入試は全教科だったので、実力のほどは最近の大学生の比ではありません。もしも、私が最後と決めて受験した会社に就職できていたら、やっぱり「株式会社　昴」は生まれていなかったかもしれません。

人間万事塞翁が馬

● 四　還る処 ●

そういう頃、子どもを授かりました。相談する人もなく本を買うお金もなく、生まれてくる子どもをどうやって育てればいいのか真剣に考えた結果、出した答えは一つ。

「原始時代のお母さんは、どうやって子どもを育てたか」

具合が悪くなっても、薬もない。病院もない。

もし、おっぱいが出なかったら、ミルクもない。

着せる服もない。

だから、元気な子どもが生まれなければならない。そのためには、自分が元気でなければならない。

そうして生まれた子どもは三三五〇グラムでした。一月の寒い日で、赤十字病院の部屋には、小さな電気ストーブが一つ置いてありました。

「お母さんの体からすれば、大きな赤ちゃんですね」と赤十字病院の当時の婦長さんはおっしゃいました。

お金には縁のない約《つま》しい生活の中でも、子どもは育ちました。おもちゃを買うお金もないので、身の回りのものがおもちゃ代わりでした。

今、モンテッソーリ教育を学んでいますが、結果として、モンテッソーリの教育に近い教育をしていたのだと思います。

息子は三歳のときは、鹿児島市の健康優良児になりました。この頃には、私の父も孫を可愛がってくれました。

自分が困ったとき、還る処があるということは、大切なことだと考えています。

私の場合、それは「原始時代」でした。

還る処を定めてみませんか

五　孟母三遷の教え

今から五十年ほど前、「孟母三遷の教え」という言葉は生きていました。それは、孟子の母が孟子の教育のためによい環境を得ようと、住居を、最初は墓所の近くに、次は市場の近くに、更に学校の近くにと、三度遷《うつ》し変えたという故事です。(広辞苑)

子どもが生まれた頃、庭が広く大きな家で子どもを育てたいと考えました。ご縁があり、鹿児島市内から汽車で三十分かかる伊集院というところに引っ越しました。幅が五メートルはある広く長い階段を上った左手に、築百年以上という古い大きな家の周りは、広い庭に竹林が続いているというこれ以上ない環境でした。

子どもは歩き始めてすぐ、玄関の錠前を外し、毎朝、独りで出歩いていました。私が目を覚ました時は子どもの寝床はもぬけの殻で、子どもを探すのが私の日課のようになっていました。私は私で、なんとものんびりした母親です。

ある朝、いつも遊んでいる辺りにいないので、あちこち歩き回っていると、左手の路地の先に、汽車が止まっているではありませんか。「腰が抜ける」という言葉がありますが、ヘタヘタと座り込み、歩くことなど出来ません。やっとの思いで汽車の近くまで歩いていくと、ス〜と汽車が動き始めました。そして、汽車が通り過ぎた後に、おばあさんに手を引かれた子どもが立っていたのです。後で伺うと、線路脇の家にお住まいの方で、汽車の警笛が鳴り響くので、外に出てみると子どもがいるということで保護してくださったとのことでした。その当時の国鉄の鈍行はゆっくりで、おまけに伊集院駅からすぐはカーブになっているためスピードが出ていなかったために命拾いしたのでした。子どもはと言えば、線路の中に入って、一心に石ころで遊んでいたということです。

普通の母親なら、こんなことがあったのですから性根を入れ替えてまともな母親になるのでしょうが、またもや同じことを仕出かしてしまいました。気に入っていた屋敷でしたが、今思えば、汽車から遠ざかりたかったのでしょう。二歳になる頃、今度は鹿児島市内のはずれに引っ越しました。その日も探しあぐねて家に帰って来た時、お隣の単車好きのお兄ちゃんが帰ってきて、「子どもが用水路に落ちたらしい」と言われ、その場所に行って恐る恐る人垣を分けて見てみると、真ん中に子どもを抱いて泣いている母親らしき人の姿が見えました。不謹慎にも私は「ああ、うちの子じゃなかった」と安堵したのです。

子どもは国道三号線を独りで悠々と渡っていたのだそうです。上りも下りも車はみんな止まって、子どもが渡り終わるのを待ってくださっていたということです。

その頃の写真を見ると、子どもの胸には、墨で住所と名前を書いた名札が縫い付けてあります。私の孟母三遷は、子どもを命の危険に晒《さら》しながら終了しました。それでも、子どもの特徴は私なりには理解したつもりです。「独りで出歩くのが好き」「私が根負けするほど、叱っても叱ってもニコニコしている」

夜の仕事で疲れて、朝寝坊する母親を尻目に、好きなことをするのは、もしかしたら父親に似たのかとは、その時は思わなかったことですが、子どもは子どもなりに育っていくのかなと思います。

黙っていても子どもは育つ

● 六　恩師　松村二郎先生　ご夫妻のこと ●

私の父に結婚を反対された一番の理由は西村の学生運動でしたが、これは結果として私たち夫婦にとって、何物にも代えがたい人物と出会うきっかけになりました。それは、その当時、鹿児島大学の学生部長だった松村二郎先生との出会いです。「恩師」まさにそう呼ぶに相応しい方でした。先生との出会いによって、西村佳夫は、初めて「人間として生きる」ことが出来たといえるでしょう。

私は昭和三十五年に高校を卒業し、鹿児島県立短期大学に入学しました。安保闘争真っただ中のことです。そして鹿児島大学の学生が「オルグ」にやってきました。県短生の前で話をしたのが、当時、鹿児島大学教養部自治会執行委員長だった西村でした。そして、連日のデモで鹿児島大学の学生が警察に検挙される事態が発生したのです。西村は学生の釈放に奔走し、その過程で鹿児島大学の学生部長である松村二郎先生と出会うことになりました。その後、松村先生は、西村を骨のある人間だと思ってくださったようで、水産学部では卒業できないだろうから、文理学部の哲学科に転科できるように動いてくださっただけでなく、私たち夫婦に関しても、また私たちが小さな学習塾を立ち上げた時も、案内書に「顧問」として名前を載せることを承諾してくださいました。今ではあり得ないことだと思います。先生には足を向けては寝ることができないくらいお世話になりました。お茶とお花の手ほどきをしてくださった奥様は、私の人生でこれ以上ない素晴らしい方でした。また、お二人が亡くなった後は、三人のご子息・ご令嬢とお付き合いをしています。

このようなお二人にお目にかかる幸運に恵まれ、長い時間、お傍にいさせていただいたことは、何物にも代えがたい有り難いことだと思います。右も左も分からぬ若造のころから、公私に亘ってご指導くださる方にお付き合いをしていただけることを幸せと言わずに何と表現したらいいのでしょうか。今、株式会社　昴という会社があるのも、松村二郎・澄ご夫妻の賜《たまもの》です。高校まで、学年で後ろから数えて一番か二番という成績だった西村佳夫が、一念発起して入った大学で、「自分のような者でも、認めてくださる方があれば、生きることができる。成長することが出来る」という思いに至ったのは、松村先生あればこそでした。

この思いは、株式会社　昴の指標「人は良き師に出会えば、必ず成長する」を生み出し、「師、心に灯をともす人」に結実することになりました。

先生のお宅でうちの子どもはといえば、居間の箪笥の取っ手をつかみ、背が届く限りの引き出しを全部開けては閉め、開けては閉めを延々とくり返し、それをみんなで腹を抱えて笑いながら見ていたことを思い出します。

思い出すといえば、先生のお宅に遊びに行った折に出された今も忘れられない禅問答「海でオールを流された。自分の母親と恋人が海に投げ出された。時間的に助けられるのは一人。どちらを助けるか」

若かった私たちに答えが出せるわけもなく宿題となりましたが、実を言えば、未だに答えが出せておりません。

師、心に灯をともす人

あとがき

今、この原稿を書いている真っ最中に、日本で、そして世界中で起きている大問題。それは、新型コロナウイルスです。

この新型コロナウイルスの影響を受けて、学校も世の中の仕組みも人々の生活も多様に変化しています。世の中がこのように変わっているわけですから、それが子どもに影響を及ぼさないはずがありません。

またコロナ以前の問題としてＡＩがあります。ＡＩの時代については多くの人が意見を述べていますが、私は先ず、感性、次に一つのものに対して強い好奇心を持つことが出来ること、そして集中力が必要だと考えます。

感性に関して、私が今、一番心に引っかかっているのが、子どもたちが自然から遊離しているのではないかということです。何故、私が自然に拘るかと言うと、人間は遠い昔より、自然から多くのことを学んできたと考えるからです。

原始時代、人間が自然から学んだことの一つに、例えば「耳を澄ます」ということがあります。

何故、耳を澄ますようになったか？　食べる対象としての動物を食糧として捕まえる以前に、突然、現われる猛獣に襲われるということが、何回も何百回も何万回もあったのでしょう。

そして耳を澄ませば、どの動物がどちらの方角から近づいてくる。どのくらいの距離だ。だから逃げよう。あるいは風向きはどうだから、捕まえるには、どっちの方角から何人くらいでかかれば捕まえられる。

そのようにして耳を澄ますことで、「周りの気配を感じる能力」が発達して、それが狩猟つまり、道具を使って野生の鳥や獣を捕まえる狩りにつながっていったのだと思います。

ところが、現在はどうでしょうか。

「周りの音」つまり、近くに居る人の気配はおろか、他の人の話し声にも耳を貸さない。自分のことだけを声高に主張すれば、周りの人の意見、大勢の人の意見も耳に入らないから、独善的な考え方も出てくる。

日本では江戸時代から、多分、終戦前までは、自分の足音にも気を配るように躾をしていたそうです。

本文中で「落花生」の話をしましたが、「落花生」って枝にぶら下がっているんだよね、と思っている子どもたちが、「落花生」を土の中から掘りあげた時、自然の神秘や植物の驚異を知り、自然に対する畏敬の念を持つ第一歩になるのではと、微かな期待をしています。

この本では多くの会社の長として活躍なさっている方々の社員に対する強い思いを、それは私の望みでもありますが、それをこれから生きる子どもたちとその保護者に向けたメッセージとして書いたつもりです。

お母さん、お父さんから一生ものの躾を贈られた大勢の子どもたちが成長して社会に出た時、日本でそして世界中で世の中のお役に立つ人間として活躍している姿を想像するだけでワクワクします。

参考文献

「小説　日本婦道記」　山本周五郎　著　新潮文庫
「武家の家訓」　吉田豊　編訳　徳間書店
「論語と算盤」　渋沢栄一　著　国書刊行会
「きれいな敬語　羞《はず》かしい敬語」　草柳大蔵　著　グラフ社
「礼儀覚え書」　草柳大蔵　著　グラフ社
「日本の礼法」　小笠原清信　著　講談社
「小笠原流　やさしさが伝わる日本の礼法」　前田貴美子　著　玉川大学出版部
「一流人の礼法」　小笠原清忠　著　日本経営合理化協会
「大人のマナー講座」　日本マナー・プロトコール協会［著］　ＰＨＰ研究所
「日本人の礼儀」　上月マリア　著　あさ出版
「敬語の達人」　山岸弘子　著　祥伝社黄金文庫
「武士の娘」　杉本鉞子　著　大岩美代　訳　ちくま文庫
「おしりを鍛えると一生歩ける」　松尾タカシ　著　池田書店
「致知」２０１９年　９月号　致知出版社　対談記事
「ナージャの５つのがっこう」　キリーロバ・ナージャ　著　大日本図書
「武士の子育て」　石井真理子　著　致知出版社
「菊と刀」　ルース・ベネディクト　著　長谷川松治　訳　講談社学術文庫
「しつけ帖」　幸田文　著　平凡社
「ユダヤの『生き延びる智慧』に学べ」　石角莞爾　著　朝日新聞出版
「スマホが学力を破壊する」　川島隆太　著　集英社新書
「祖国とは国語」　藤原正彦　著　新潮文庫
「国家と教養」　藤原正彦　著　新潮新書
「大学新釈」　諸橋轍次　著　致知出版社

参考文献

「孔子」 井上靖 著 新潮社
「味覚の歳時記」 講談社
「日本大歳時記」 講談社
「ビジネスマンのための歴史失敗学講義」 瀧澤中 著 致知出版社
「あさがお」 荒井真紀 文・絵 金の星社
「奇跡の脳」 ジル・ボルト・テイラー 著 竹内薫 訳 新潮文庫
「スマホ脳」 アンデシュ・ハンセン 著 久山葉子 訳 新潮新書
「やってはいけない脳の習慣」 川島隆太監修 横田晋務 著 青春出版社
「部活があぶない」 島沢優子 著 講談社現代新書
「脱ブラック部活」 中小路徹 著 洋泉社
「郷中教育と薩摩士風の研究」 安藤保 著 南方新社
「明治維新という過ち」 原田伊織 著 毎日ワンズ
「幼児の秘密」 マリーア・モンテッソーリ 著 国土社
「幼児期には2度チャンスがある」 相良敦子 著 講談社
「ママ、ひとりでするのを手伝ってね!」 相良敦子 著 講談社
「お母さんの工夫」 相良敦子・田中昌子 共著 文春文庫
「お母さんの『敏感期』」 相良敦子 著 文春ネスコ
「お母さんの『発見』」 相良敦子 著 文春ネスコ
「モンテッソーリ流『自分でできる子』の育て方」 神成美輝 著 日本実業出版社

著者紹介

西村道子(にしむら みちこ)

株式会社　昴　代表取締役会長
1942年　2月　鹿児島県生まれ
1962年「リンゴ箱」を机に、夫西村佳夫とともに小さな学習塾を起業
1965年　9月　「鶴丸予備校」を創業
1995年12月　日本証券業協会店頭登録、現在　東京証券取引所ジャスダック上場
2006年　3月　代表取締役社長
2021年　5月　代表取締役会長
南日本放送ラジオ番組週1回の「みちこ先生のニコニコ通信」は700回超え
鹿児島テレビ放送主催「昴旗　鹿児島県少年剣道練成大会」特別協賛
南日本新聞社主催「南日本ジュニア美術展」特別協賛など地域文化に尽力

21世紀《せいき》を生《い》き抜《ぬ》く子《こ》どもたち

2021年12月15日　第1刷発行

著　者　　西村道子
発行人　　久保田貴幸

発行元　　株式会社 幻冬舎メディアコンサルティング
〒151-0051　東京都渋谷区千駄ヶ谷4-9-7
電話　03-5411-6440(編集)

発売元　　株式会社 幻冬舎
〒151-0051　東京都渋谷区千駄ヶ谷4-9-7
電話　03-5411-6222(営業)

印刷・製本　シナジーコミュニケーションズ株式会社
装　丁　　菅野南

検印廃止

ISBN 978-4-344-93019-3　C0037
幻冬舎メディアコンサルティングHP
http://www.gentosha-mc.com/